销售无间道

张子淳 著

序言：销售有"道"

南京麒麟山庄开发有限公司总经理　张少威

每年的毕业季，都会有大批毕业生选择销售工作作为自己的第一份职业。在择业人群当中，对销售的看法呈现两极化的趋势。但毋庸置疑的是，销售工作在市场经济中扮演着举足轻重的角色，具有不可替代的重要作用。

作者张子淳（Andy Chang）是我很尊敬的同辈。作为国际灯业贸易的实践者，他纵横市场十多年，开拓进取，一往无前，坚忍不拔的个性让人十分钦佩，在业界建立了自己的经营风格和行业风范。他古道热肠，乐于提掖后学，结合自己的亲身经历，编写了这样一本实用性强、可读性高的销售工作指南，相信可以为销售从业者以及在商海浮沉的年轻人拓宽思路，打通销售工作的"任督二脉"。

首先要明确的是，并不是每个人都适合从事销售工作。职业的选择基于对自身的基本认识，而正确的认识来自多方面的尝试。Andy Chang 从老师、同学眼中的一个"坏"学生成长为一个行业的企业家，也是经过了很多次的失败尝试和挫折锤炼。一旦明确了销售和创业是人生的努力方向，就要尽快做好心理准备，鼓足勇气，多在实践中寻找机会、磨练自己，一步一个脚印地成长、丰富和强大起来。

其次，做事先做人，销售和创业都不例外。做生意，其实是对人品道德有了更高的要求，除了诚信经营这项基本的守则，面对商场和人情的复杂，更要懂得自律和坚守。"千淘万漉虽辛苦，吹尽狂沙始到金"，想要闯出一番事业就必须学会诚信做人，忠诚做事，除了专业素质的不断提升，最终成就自己的品质修养。《销售无间道》就处处体现了做生意的诚心、热心和爱心。

第三，销售早已成为专业学科。很多人常常以为，销售仅仅是一门"人情行业"，不需要太多的专业技能。而实际情况是，能成长为真正的销售专家和企业精英的人确属凤毛麟角。即使是一个基本合格的销售人员，除了具备足够的产品专业知识，对上下游衔接环节的广泛了解，懂得如何正确处理与客户、与公司等的各种细枝末节的关系外，还必须具备合理的知识结构，如所在行业的现实状况和发展前景，产品售后的使用、维修、服务等，以及对消费心理、文化时尚的追踪等，才能基本把握每一个客户的需求，灵活应对各种突发状况，进而在工作中获得职业认同和成就感，最终实现自己的人生价值。

当然，客户是销售者的"上帝"，深入理解并把握客户心态，在沟通时就更能胜券在握。Andy Chang 在加拿大开始创业，对西方客户的思维有很独到的见解。在经济全球化的时代，了解不同地域、不同文化群体消费者的购买思维就能知己知彼，百战不殆。在产品质量和服务具有足够保障的基础上，所谓销售技巧，说到底是心理战，一个眼神就可能产生千百种微妙的变化。只有在实战中不断练习和总结，才能在下一次生意中多一重保障。

《销售无间道》很详细地总结了作者多年来销售和创业的经验和收获，提炼出了一些易于上手的实用技巧，更有他一路走来的心路历程和自我提升。我想，每个用心阅读的人都会有所裨益。

最后，祝愿作者身体健康，事业进步。也祝本书的读者能够早日成就自己的事业和人生。

目 录

序言：销售有"道" ································· 张少威（1）

第一章　销售成了"我的菜"

全家移民，感受不一样的文化 ························（1）

我不是一个好学生 ····································（4）

什么行业是你的菜 ····································（5）

试水零售业 ··（7）

买卖：词义里的智慧 ································（10）

爱的启示：要付出，要坚持 ·························（13）

父母，我创业的坚强后盾 ····························（15）

与所有的人做朋友 ···································（18）

"买家"是这样炼成的 ································（19）

迁就退让不是买卖 ···································（22）

社会需要正能量 ······································（26）

第二章　做人做事做生意

保持乐观，积极生活 ································（29）

控制情绪，提高修养 ································（30）

学会反省，学会改变 …………………………………………… (33)

吸引力法则 …………………………………………………… (35)

少些套路，多些真心 …………………………………………… (36)

打造核心团队 ………………………………………………… (40)

做就是了！ …………………………………………………… (48)

午休是个技术活 ……………………………………………… (51)

老板的眼界和格局 …………………………………………… (51)

两种老板，两个极端 ………………………………………… (53)

资金链和朋友圈 ……………………………………………… (54)

收钱法则 ……………………………………………………… (58)

资金流动：要快 ……………………………………………… (59)

合作共赢，平等交易 ………………………………………… (62)

抢市场，抢客户 ……………………………………………… (65)

准备好失败，就去做吧！ …………………………………… (66)

员工如是说之一：我们的好老板 …………………………… (69)

员工如此说之二：贴心的好朋友 …………………………… (71)

第三章 业务员的职责和修养

业务员的角色与职责 ………………………………………… (74)

外在形象与人格魅力 ………………………………………… (75)

让客户喜欢你 ………………………………………………… (78)

多学习、多见识、多吸收 …………………………………… (81)

零售：唤醒需求 ……………………………………………… (82)

必需品和非必需品 …………………………………………… (83)

销售三部曲之一——介绍产品，塑造个人形象 …………… (84)

销售三部曲之二——选定产品，给出周到方案 ……………（86）

销售三部曲之三——建立信任，敲定合作细节 ……………（89）

态度决定成败 ……………………………………………（90）

江湖不相信眼泪 …………………………………………（92）

做生意不能"做自己" ……………………………………（94）

销售情景再现 ……………………………………………（97）

没有结果的交易 …………………………………………（101）

跟进的"黄金24小时" …………………………………（103）

定金，定金，永远不要忘了定金 ………………………（105）

交易要有仪式感 …………………………………………（108）

签订合同，争取双赢 ……………………………………（108）

邮件销售：线上的舞蹈 …………………………………（110）

英文邮件回复模板 ………………………………………（113）

销售：营销最前线 ………………………………………（120）

第四章　与客户的那些事儿

外国买家的心态 …………………………………………（125）

摒弃成见，积极沟通 ……………………………………（127）

正确对待外国买家 ………………………………………（131）

双方关系的平衡和调节 …………………………………（134）

摆正位置，平等对话 ……………………………………（136）

报价的准备和时机 ………………………………………（137）

谁是买家的决策者 ………………………………………（139）

搞定买家的"参谋" ……………………………………（142）

客户还是"间谍"？ ……………………………………（143）

- 以退为进 …… (144)
- 应对难题，耐心化解 …… (145)
- 打消买家的顾虑 …… (148)
- 在买家身上发现真正的需要 …… (150)
- 勇于尝试，永不放弃 …… (152)
- 理解客户心理 …… (153)
- 客户爱占便宜怎么办？ …… (155)
- 当买家的资金开始紧张 …… (156)
- 面对买家，心中有底 …… (161)
- 你了解自己的老板吗？ …… (165)
- 给客户策划惊喜 …… (166)
- 永远比别人多做一点 …… (170)
- 大客户可遇不可求 …… (173)
- 引导买家的注意力 …… (178)
- 先解决感受，再解决问题 …… (179)
- 惊喜不是多此一举 …… (183)
- 国际市场，听上去很美 …… (185)
- 四海之内皆兄弟 …… (188)
- 握手十禁忌 …… (190)

第一章

销售成了"我的菜"

> 创业者要搞清楚,创业的激情跟钻牛角尖是两个不同的概念。所以,没有输了再来的心态是不行的,不要祈求创业一次成功,一次成功通常做不到,做到了就是个小公司。我就是创业一次成功的,新东方现在市值才100亿美元,阿里巴巴现在市值2000亿美金。所以,创业者不用怕第一次创业不成功,虽然失败过,但是后面赢得更大。
>
> ——俞敏洪

全家移民,感受不一样的文化

1975年,我在香港出生。9岁那年,我们全家移民到了加拿大。

到加拿大的第二年,爸爸就在多伦多做起了生意,开办了旅行社。那时大环境很好,竞争也不是很激烈,所以生意一天比一天好。几年时间,他就开了二十多个门市,遍及整个加拿大,在最高峰时,仅门市员工就有二百多人。

好长一段时间,我在家人给我创造的温室里过着万事不愁的"少爷"生活。

9岁之前,我的生活完全不是这样。在我的记忆里,那时除了做功课就是补习。别人学拉丁舞,你也要学拉丁舞;别人学吉他,你也要学吉他;

别人学绘画，你也必须学绘画。父母都想让自己的孩子十八般武艺样样精通，能文能武，我的父母也不例外。身边的人经常说，平时总听我说什么都不懂，做的时候又发觉我好像什么都会。这就得益于我幼年受到的教育，父母希望我什么都学，什么都了解。广泛涉猎的结果就是，什么都知道一点，但什么都不精通。人到中年我才渐渐明白，这个世界就是这样，实际生活并不需要你精通太多东西，太精通、太专一，若非以专业谋生，不一定是最好的。有些人什么都知道一点，什么都懂一点，可能发展得更好。

我爸爸是很典型的中国式家长，他觉得念书是最重要的，不念书将来找不到好工作，也赚不到钱。所以，在我童年的世界里，念书是头等大事。其实，我们现在知道这个观念太绝对了。即使你认真念书，拿了很多证书、学位，找到了所谓的"好工作"，那也仅仅是一份好工作而已。你想专注于自己的专业，想在专业上有所作为，但即使你能做到最好，还是可能只拿死工资，而赚不到大钱。

近几十年来，社会发生了巨大变化，但教育模式几乎未变，人们的观念仍旧是"好好念书找份好工作"。大多数父母都会语重心长地教育自己的孩子："不好好念书，以后就不会有前途；只有念好书，才能找份好工作、过上安稳的日子，父母也才会放心。"但是，找份好工作真的就没问题了吗？找份好工作也要面临很多问题：供房子、供车、买衣服，看见别人买好东西你也想买，就不停去追；内心有一万件想要做的事，却没有经济条件，有的只是一份好工作而已。我也是在父母耳提面命这种教育理念中长大的人，现在我经常跟老爸开玩笑说，还好我没有选择你让我走的那条路，不然现在我还要每天上班、打工，哪有闲钱请你旅行。

我说这些，不是让大家别上班了，都辞职去做生意；也不是说读书不重要，没知识、没文化也能发大财。读书很重要，但读书不等于上学应考，那是死读书、读死书。我们学知识不能将眼光禁锢在书本上，停留在找份好工作上，更要抬眼看世界，跟紧时代的脚步。你要为更好的生活做准备，不放过任何一个机会，认清什么是真正适合自己的。

有的人可能醉心于学术，希望能在自己的专业领域里做到顶尖。他们不会追逐名利，也不会被物质操控，适合专业工作，最终做到精通，这个世界需要这样的专业人士，他们值得我们敬佩。

我不是一个好学生

香港的教育跟东南亚很多国家一样，都是填鸭式的方法。可加拿大等西方国家完全不一样，他们总认为过早地把知识塞给孩子，会限制孩子的想象力。爱因斯坦说过："想象力比知识更重要，因为知识是有限的，而想象力概括世界上的一切，推动着社会进步，并且是知识进化的源泉。"所以，在加拿大上学念书虽然也是必需的，但小学的作业都是随堂做完，不用带回家。到中学才开始有一点课后作业，大学真正开始有"大作业"了，但这时你已经成年，很清楚应该做什么和怎么去做，都是靠自觉，没有人管你了。

记得移民加拿大后，我入学的第一天下课回家，妈妈问我在学校都做了什么，我说打球、跳舞、唱歌。然后她又让我拿出作业来做，我说没有作业，她非常惊讶。在香港念书的时候晚上是没有时间看电视的，下课就去补习，学这个学那个，每天都要学到很晚。可到了加拿大，每天下课的任务就剩下了看看电视、吃吃东西、跟妹妹吵吵架，这无疑成了我刚到那边时最不习惯、也很快最习惯的事情。

我向来不是一个好学生。中学的时候，妈妈每天前脚把我送到学校，后脚我就从后门溜走，然后跟着朋友们逛街、吃饭、看电影。加拿大各色人种都有，文化也多种多样，包容度很高。那时，移民加拿大的中国人还不是很多，我的朋友大多是来自不同国家的人，我也因此慢慢摸索出一套与他们沟通、交朋友的技巧。直到现在，我交朋友也从不设条条框框，只要谈得来，无论人种、年龄、国家、职业有多大差别，我们都能成为很好的朋友。

对销售来讲，善于沟通是绝对的优势。可年轻的我并没有意识到这一点，将这套功夫全用在了追女孩的事情上。现在想想那时的自己，年轻、爱玩、追求新鲜感，女朋友三天两头地换，年少轻狂不过如此。不过，事事都有两面性，我也感谢当年那个爱追女孩的自己。"泡妞"跟销售有很多相似之处，正因为我特别懂女孩的内心，现在销售起来才这么得心应手，才在善于沟通的基础上又掌握了这么多技巧、套路。

什么行业是你的菜？

这种每天一门心思只想着怎么玩的生活一直持续到我26岁。

2001年，美国发生了举世震惊的"9·11"事件。这次事件，不仅夺走了数千条无辜的生命，也无情地打碎了我高枕无忧的美梦。

这次事件，对全球的旅游业影响巨大，尤其是北美洲。俗话说"大船难转弯"，我爸爸的生意因此一落千丈，成了倒闭最快的企业之一。那时他已年过五十，做事开始力不从心了，便决定退休不干了。而我刚大学毕业不久，还什么都不懂，一天到晚只知道吃喝玩乐。

之前，爸爸一直把我安排在他的公司里工作，美其名曰是在上班，实际上还是继续玩。结果，"9·11"发生后不到半年，爸爸妈妈就告诉我："你要去打工了。"

打工？什么是打工？

那时我26岁，对打工的事情毫无概念，从没想过这辈子竟有去打工的一天。那段时间，我一想到要去打工，就难受得想哭，觉得生活对自己太残忍了。可现在回头想想，那实际上是我成长的催化剂。我们都需要精神"断奶"，都需要被"推"一把。虽然当时会很痛苦，但只有这样，我们才能学会依靠自己，才能成长与进步。

后来很长一段时间里我都找不到工作。其实，一个不知天高地厚、盲目自信的年轻人，找不到工作几乎是必然的。于是，我又在爸爸的安排下，开始到他以前员工新开的公司上班。结果，两个月不到我就干不下去了。接下来，他又陆续给我安排了四五个公司，我都没干多久就放弃了。

20多岁刚踏入社会的年轻人可能懂得不多，可能专业不精，轻易放弃却是相似的，不管做什么，遇到点困难就直接选择放弃、选择逃避。那时我也一样，不懂什么是反省、什么是坚持，觉得出了问题一定不是自己的原因。

那几个月，我每天早出晚归，工作时间几乎全对着电脑，与同事之间的互动几乎为零，这让我非常煎熬。当在一家旅行社又浑浑噩噩地工作了8个月后，我终于意识到，或许个性才是我无法适应这些工作的罪魁祸首。我不适合每天朝九晚五地上班，我不能每天只面对一台电脑，我需要改变，需要一份面对人的工作。虽然不知道自己能不能做好，但改变势在必行。于是，我跳出了这个工作模式，选择了销售。

加拿大的销售不是想做就能随意做的，每个行业都需要考取牌照。于是，我开始忙于应对各种考试。那段时间，我尝试过很多行业，卖过保险、卖过车，也卖过房。其中，卖房牌照我足足考了半年。我不停地考，不停地试，但似乎还是没有找到真正的自己。

那时，我的目光很短浅，不懂什么是远见、什么是积累。无论是计划还是签单，都希望能马上实现，马上看见"回头钱"。虽说每个人都梦想如此，但梦想终归是梦想，事实上很多事、很多生意都是先付出才慢慢有回报的，都是需要一点一点积累起来的。

其实，爸爸破产就是我人生的转折点，跨过了这道坎，我才真正开始成长。周星驰在《少林足球》里说："人没有理想那跟咸鱼又有什么区别呢！"正因为经历过这个挫折，我才开始站了起来，开始思考自己的人生、自己的道路、自己的理想，跟以前那个只会享乐、追女孩的"咸鱼"正式告别。

试水零售业

在不断地摸索、不断地尝试、不断地碰钉子的阶段，我开始重新审视自己，探究这个社会。

2004年，经过深思熟虑，我决定自己创业。

我开了一间只有十平方米左右的首饰店，规模小到两三个月后才有余力雇了一个人。一开始，我是在当地拿货试水，后来销量不错，为了降低成本，我决定回广东拿货。

离开十几年后，我终于回到了祖国，广东是我重新认识中国的切入点。

其实，我们这些在国外长大的孩子，特别是早期移居海外的人，对当代中国都很陌生了，加上之前的一些历史原因，在潜意识里多少会有点抗拒和偏见。等到后来，大家慢慢看到了中国的发展，感受到了这里越来越高的文化包容度。不管是创业，还是做外贸，越来越多不同国家的人开始涌入中国。

刚到广东进货的时候，买回去的东西经常出现质量问题，有时明明验货时没问题，运回去就褪色或者坏了。经历过几次不愉快后我明白了，验货时选中什么货就要当场拿走，或者看到哪个就要拿哪个，不能拿新货。

这是国内做生意的通病。大家的眼光有时会很短浅，经常是能骗就骗。特别是十几年前，大家做生意还没现在这么规矩，管制也不是很严格，市场比较混乱。而且，小生意通常都是跟小厂家打交道，就更容易受骗，我在这方面堪称体验丰富。

有一个搞笑的小插曲。有一天，我带着助手飞往上海，刚下飞机，正在等出租车时，见一个拎着手提包的大叔突然向我们跑了过来。他神神秘秘地从包里掏出一个手机对我们说："老板，我这里有一部新款手机，外面卖6000多块，我1200块卖给你。"

现在我们碰到这样的事马上就知道他是个骗子，可那时我刚回国不太久，接触这类事、这类人还不够多，所以根本不会想太多。我自以为很在行地告诉助手，在中国买东西一定要讨价还价，然后假装老道地还了一个价："1200块太贵了，要不就1000块吧。"他听后直摇头，说："1000块太便宜了"，想了想又勉为其难地说道，"算了，看你这么诚心，就卖给你吧。"这个时候，正是上海虹桥机场人最多、最繁忙的时间段，我们避开人潮躲在角落里一张一张地给他数钱，场面很神秘，气氛很暧昧。付完了钱，我的助理也觉得很划算，又问大叔："你还有没有？"大叔从包里又摸出一个，跟他说："有是有，但是1000块太便宜了，我卖一个赔一个。"然后，我们又开始跟他讨价还价，最后仍以1000块的价格成交。

两个手机买到了手，我们都很开心，觉得中国真是好，东西本来就便宜不说，还可以讨价还价。上车后，我们都迫不及待地想试一下这个"最新款"手机，结果，掏出来一看我们就傻眼了，这两个手机原来都是假模型，打不开也用不了！

这种事我遇见过太多次，被骗过太多次。我不明白，明明可以正儿八经地卖东西，为什么这些人偏要选择骗人？不过，也算托他们的福，我一路摸爬滚打，边做边学，边"上当"边增长了经验。

我的首饰店开了不到两年就关张了。首饰生意看上去利润很高，销售数量也不少，但实际利润算下来并没有想象中的高。那时，我还不明白，做生意最重要的其实不是利润，而是出货的速度和数量，是要想办法维持住这两个基本点。

简单地说，我花一块钱买了一支笔，十块钱卖出去，利润非常高。可即使利润再高，若一个月只卖出去三支，结果还是亏，因为没有速度和数量。那时，我每个月差不多要拿2万人民币的货回加拿大，月末大约能卖出15万人民币，看起来我好像是赚了不少，但掰着手指头算一下，店面租金要5万，工资要5万，加上进货的成本和零零散散的小开销，其实并没有赚，反而亏了。亏了什么？亏了机会和时间。

这个道理我是慢慢才明白的。我知道，假如要想做好零售，就必须把量做大，把速度提高。

接着，我开了一家做奶茶快餐的餐饮店。我特意把店开在了三个学校的中间位置，规模比之前的首饰店大了一些。量越做越大，中午和学校课间休息的时候顾客多到忙不过来。但做餐饮也有其特殊的弊端：餐饮业顾客流量大，需要的人手多，开销普遍较大；现金比例大，基本每天都要到店里看一天的流水；时间性强，场地闲置时间多，不能完全被利用起来。

人们做餐饮常常会陷入一个误区，认为食物弄得越好吃、越有特色越好。但我渐渐发现，一味追求口味完美是不对的，因为你永远无法将完美的水平保持下去。比如，几个人合伙开一个小吃店，一开张，你们就把食物的口感做得非常棒，很好吃，弄得无可替代，那么小吃店的生意可能马上就会火爆起来。但是，顾客的嘴是最敏锐的，第一个月可以弄得好吃，第二个月也可以弄得好吃，第三个月稍稍有一点不好或者换了厨师，顾客就会立即知道，他们几乎不会给你第二次机会，这意味着你马上就会失去这批顾客。起点越高，进步的空间越小，走下坡路的可能性越大。

肯德基、麦当劳这两个快餐业的巨头之所以能做到经久不衰、几十年如一日，背后最有价值的就是他们的系统。他们把餐饮经营企业化，把食物加工程式化，并让口感一直维持在中等水平。正因为如此，他们的顾客群不仅十分固定，还十分稳定。

系统是每个公司最核心的东西，你能让公司一直按照一个系统运转下去，减少不确定因素，生意的基础才会稳定，才能一直维持下去。

开餐饮店虽然赚钱不少，却实在是个苦差事，两三年做下来，我感觉太累人了。后来，我又尝试做了两年女装，虽然销量和利润都还不错，但单价太低，销售收入和规模上不去，我仍不太满意。机缘巧合之下，我接触到按摩器材零售行业，经过几番斟酌考量，我开始了新的尝试。

2007年，我的按摩器材店开张了。我仍然选择先在当地少量进货试水，如果势头不错就回国大量进货，然后销往美国和加拿大。那时我的销售功夫已经运用得比较游刃有余了，怎样向顾客介绍、怎样能最快收到钱、怎样能成功交易，我都比较有把握了。按摩椅这种非生活必需品在我们的印象中是不好卖的，但是万事开头难，凡事掌握了窍门和方法，你就会越做越顺利，越做越得心应手。

开始试水的时候，我只在当地买了20台按摩椅，本准备三个月把它们卖完，结果，不到两个礼拜我就卖得差不多了。这大大超出了我的预期，不禁让我有些飘飘然，觉得自己太厉害了。但规律就是，当你有了一点成绩，觉得自己非常厉害，开始"翘尾巴"的时候，就要准备栽跟头了。

那时我还没想到，销售这个环节固然很重要，对很多人来说也很容易，但在生意的整个链条中，这个环节只是占很小的比重而已。一个生意赚钱与否，很多时候并不是卖的环节决定的，而是买的环节决定的。

买卖：词义里的智慧

汉语里，做生意也叫做买卖，英语的一桩交易（bargain）就是汉语里的一笔"买卖"。英语"交易"的词义着眼于双方的协商，汉语"买卖"的词义着眼于业务流程，先买后卖，一买一卖，不但利润就在其中了，而且蕴藏着交易的智慧：不会买就卖不好，要卖得好就必须先学会买。

那段时间，为了尽快找到合适的货源，我几乎跑遍了全中国的各大按摩椅工厂，宁波、温州、上海、深圳……很多城市都差不多成了我的第二个家。最初进货的时候，一切看起来似乎都特别顺利。我跑了很多家工厂，那些按摩椅看上去质量都不错，接待我的业务员也一个比一个热情，带我吃饭、喝酒、聊天、到处去玩。我问他们："这个椅子保修没问题吧？""售后问题你会负责吗？"他们无一例外地给了我肯定的答复，拍着胸脯向我做了保证。等付完定金，差不多快生产完时，我再去验货，这些椅子看起来也没什么问题，都可以动。于是，我放心地把尾款打过去，然后回加拿大等待接货，可问题也接踵而来。

货船从中国开到北美洲需要19—21天，加上出关手续和其他复杂的程序，等到产品真正到我手里，差不多需要6周时间。这6周时间里我们店的销售很好，很多型号都断货了，一直在等这批货救命。结果，收到的货让我傻了眼：20台按摩椅里有十几台都有各种各样的问题，要保养没保养，要保修没保修，要配件没配件。有的即便当时是好的，过几天也一定会坏，这比男人嘴里的"我会爱你一辈子"更不靠谱。半年左右的时间里，我一直在进货的环节上碰钉子，几乎把最初卖按摩椅赚的钱都赔进去了。我开始慌了，意识到这不是长久的办法。我必须更全面、更深入地了解按摩椅的知识，知道怎么验货，知道什么型号要求什么配件，我要先学会买。

我把浮躁的心沉淀下来，一点一点学习摸索。慢慢地，我挑货越来越有把握。后来，店里按摩椅的销量越来越大，从一个月三四十台飙升到一个月两三百台。当时，每台按摩椅的进价平均是700美元，经过海关加税，到手是1000美元。外面标价5000美元的按摩椅我3000美元卖出去，还能赚2000美元，利润非常可观。

但做了一两年后，这个行业的缺点也渐渐凸显出来。按摩椅的保修期很长，无论我前期多么严格地把控质量，进货挑得多么严格，过个一两年也总会出现这样那样的小毛病。加拿大地广人稀，是一个很讲究人权的国家，任何事都是公民至上，买东西完全可以无理由退货。东西坏了，你可以退货，毫无疑问，不用吵架，直接拿回去说我要退货就行；东西没坏，也不用吵架，同样可以拿回去说我不喜欢了，我要退货，也没有问题。何况，那些椅子是真的出了问题，我们有义务帮顾客修好。

所以，我们只能找人来维修。那时，当地技术人员一个小时的维修费大概是60加币左右，合人民币400多元。修理一台椅子大约需要两三个小时，总共要花费200加币左右。所有的椅子全部修一遍，再加上新出现问题和重复出现问题的，一开始挣到的钱就一点一点赔回去了。

生意总会有起伏、有涨跌，你一边学一边做，栽了跟头，就爬起来拍拍土，从中汲取教训，充实自己，让自己更加强大，这就是你赢得的最大财富，别人永远也拿不走。

后来我们仍然一边卖一边坏，但卖的数量和坏的数量基本可以做到持平。可按摩椅毕竟不是生活必需品，相对难卖，而且受大环境影响较大，经济不好、市场不好时，不管你的销售功夫有多厉害，也对抗不了。那时，你的"坑"会越来越大，市场也会饱和，继续盲目地坚持下去就只有赔钱这一个结果。所以，后来有些维持不住这个基本平衡时，我就开始考虑转行了。

一天，我正坐在按摩椅上烦恼着，不知道该选择哪条路继续走下去，看着空荡荡的天花板，一个想法突然就从脑子里蹦了出来，"要是能在上面挂上好看的灯该多好啊！"这个想法一出现，我就兴奋起来，马上着手开始了解灯具这个行业，越了解越感兴趣，越发有想做的冲动。

如今，我已经在灯具这个行业里奋斗了十几年，我希望还能有很多个十几年让我继续走下去。

爱的启示：要付出，要坚持

我和老婆在 2000 年 3 月相识，当年 6 月决定结婚，11 月就办了婚礼。在那个年代，绝对算是"闪婚"了。那时，我就是单纯地觉得自己似乎什么都尝试过，唯独没有尝试过结婚，想找一个可以共度一生的人体验一下婚姻的感觉。于是，我就抱着这个心态与老婆简简单单地结了婚。决定结婚的过程也很简单，没有所谓的求婚仪式，就是两个人坐在沙发上看电视，电视里正好演到结婚的场景，我又刚带她参加过我姨妈的婚礼，一切仿佛水到渠成。我问她："要不咱们结婚吧？"她听后没有过多夸张的反应，说："可以呀，什么时候？"就这样，我们结婚了。

当时，身边的朋友们听到这个消息，第一反应都是吃惊，都以为以我们爱玩的个性，最多不到一年就会离婚。结果，一些比我们结婚晚的朋友离婚了，有的又再婚了，有的甚至又离婚了，我们夫妻仍然在一起。

我们的家庭条件、背景差不多，都是 80 年代移民过去的，生活环境、生活经历也很相似，基本上算是门当户对。那时她的工作模式就是朝九晚五，每天穿得漂漂亮亮地去上班，做不了多少事就可以下班，然后约朋友吃饭、打麻将。我那时每天多数时间也都在玩，有点随心所欲。可以说，刚认识她的时候是我人生中活得最自在的一段时间。那时家里还可以支持我做各种我想做的事，我每天要考虑的，就是怎样可以更好地享受。她也一样，自小到大没吃过苦，一直过着丰裕优越的生活。

但是，我们结婚没多久我爸爸就破产了。我老婆不仅没有抱怨，还一直无条件地支持我，对我不离不弃，无论我做什么决定，她永远都是一句"好，你去做吧，我支持你"。所以在我心里，她就是全世界最好的老婆。而且，她还是一个充满正能量的人，任何时候都不轻言放弃。现在，她也闯出了一条属于自己的路。

如今,我们的婚姻已经走过了18个年头。18年说长不长,说短也不短。这18年里,我们相对独立又相互支持,相互欣赏又彼此依靠;有笑有泪,酸甜苦辣、喜怒哀乐都体验过无数遍。虽然有时也会感觉在一起很累,但都能很快调整过来。两个人在一起的经历是独一无二的。婚姻里不可能天天浪漫,不可能天天山盟海誓、天涯海角,不可能天天荡气回肠,平淡的生活里充斥着的都是茶米油盐的琐事。这当中肯定有争执、会吵架,最丑的一面、性格上的缺点等全都被时间这个放大镜无限放大。这时,只有磨合、包容才能让婚姻继续走下去。现在很多人相处一段时间没感觉了,分手;对方哪点做得不符合自己的心意了,分手!两个人在一起，肯定会出现突然感觉不再那么喜欢对方的时候，但没感觉时要试着再培养感觉，至于愿不愿意全看自己，就看你懂不懂珍惜，知不知道自己想要什么。大家都知道，做任何事情都要给自己打强心针，要跟自己说：我能行！我可以！我做得到！婚姻也一样，你要"麻醉"自己，说服自己，告诉自己一切都可以继续，我爱他，他也爱我。

这是两个人在一起必须要做的努力。就像做生意，你不会无缘无故地发达，一定得付出，一定得维护。婚姻也是，你不努力维持，就会有"魔鬼"来破坏，不管是小三、小四，还是小五、小六，肯定会来，早晚会来，能不能坚持就要看你自己了。我是一个观念比较传统的人，觉得结了婚就是一辈子。我不知道能不能做得到，但是我会抱着这个想法与她一起努力。我相信她的想法一定跟我一样。俗话说"糟糠之妻不下堂"，我说我相信这种话好像挺不实在，但我的确是抱着这种信念将婚姻坚持了18年。

父母，我创业的坚强后盾

回想刚开始做生意的那段时间，自己完全就是一个"新手"，什么都不懂。但年轻人几乎没有人能意识到这一点，都觉得自己什么都懂，特别厉害。所以，当你觉得自己什么都懂的时候，就要做好失败、闯祸的准备了。

这些年来，我不停地创业、不停地尝试。最初，父母并不赞同。他们倒不是觉得商业环境不好，也不是不知道创业对一部分人来说是一个好选择，而是单纯地认为这条路不适合我。他们比任何人都了解我，觉得我已经习惯了温室般的家庭环境，经不起风吹雨打。一个人到外面闯荡，不仅什么都干不了、什么都做不好，还会让他们天天担心。他们觉得，我最好的出路就是找一份稳定的工作安定下来，然后他们就可以放心地退休了。

他们的担心并不是没有道理，我在创业初期真的正中他们的猜想。俗话说，"花钱谁不会"，可赚钱就不一样了。那时，我回国要住最好的酒店，吃最好的饭菜，每天都要雇专车。结果几年下来，钱没赚多少，花钱却如流水，家里仅剩的一点积蓄几乎被我全挥霍光了。到了我做按摩椅的时候，家里已经没有可供我尝试和碰钉子的本钱了。于是，他们劝我不要折腾，安心找份工作。我知道他们心里是支持我的，因为父母对子女永远是无条件支持与包容的，他们尽管可能觉得你的选择不够好，也会全力支持你。只是当时家里可以给我的支持已经不多了，我不能再像以前那样乱来了。我不找工作，不停地创业，十来年里不停地赔本亏钱，甚至常常没钱吃饭，更没钱干事，但我还能一次次从头再来，一直离不开父母的支持。

后来，爸妈的积蓄几乎被我挥霍殆尽。听着他们让我找份稳定工作的要求，我动摇过，也去做过几个月卖房子的工作，可死板的工作方式几乎时时刻刻折磨着我。于是，我又回头创业，并下定决心要靠自己的能力拼出一条属于自己的路，实现自己的理想，让爸妈放心。之后一步一步，我慢慢走到了今天。

回想起来，父母无力继续支持也是让我快速成长的转折点。正是因为他们在钱的方面不能给我很多支持，我才渐渐明白，哪些地方该花钱、哪些地方该省钱、该怎么省钱。这里的花钱、省钱不是我们一般理解的消费和节俭，而是我现在的投资项目。我花的大部分钱都是买东西，而且是值钱的东西，我明天不要了拿出去卖，一定有人接手。我不会去买一条几千元的不知名品牌的皮带，因为你明天拿出去卖，没有人愿意要一条二手皮带。要不断地购买资产，而不是购买负债。所谓资产，就是不需要你主动参与就可以产生源源不断的现金流的东西。我说的懂花钱就是这个意思。

如今，我的父母年岁已高，我也成熟了，成了家里的顶梁柱，该为

他们遮风挡雨了。可我做得还远远不够，包括现在的很多年轻人做得都不够。我们照顾父母是很失败的，只会给钱或者报旅行社让他们出去旅游。可他们真正需要的是陪伴，是一起吃吃饭、说说话、喝喝茶而已。细算一下，一年来我与父母一起吃饭、喝茶的机会可能都不到十次，每次还总是他们打来电话问有没有时间、忙不忙、能不能一起吃个饭。我们做儿女的，亏欠最多的就是父母。

我喜欢我的工作，我热爱我的工作，但我也希望自己以后能尽量平衡工作和家庭的关系，可以多安排点时间陪陪父母、陪陪妻子、陪陪孩子。

与所有的人做朋友

回国之后，除了上当受骗的"血泪史"，我还见到不少"奇怪事"。两个陌生人初次见面，我总会听到他们互相打听："你是哪里人？"开始，我很纳闷，不明白大家明明都是中国人，问这个问题有什么意义，不是多此一举吗？后来，通过观察我才发现，这个问题大有玄机。

若这两个人恰好是同一座城市或同一个省份的，那他们不自觉地就会亲近起来；若对方来自自己有偏见的省份，那不管他的为人、秉性怎么样，在相处前就会先在心里画一个大大的问号，以后与他交往就会不由自主地戴上有色眼镜，不论对方做什么都看不顺眼。这个现象在大城市中尤为严重。就像有的香港人不喜欢内地人；有的北京人觉得自己是皇城根下长大的，无论你是哪里人，只要来到北京，都是他们眼中的"外地人"；有的广东人看到外省人，会觉得人家既不会粤语也不懂当地文化，穿衣服还不好看，但他们可能最多只去过几天香港，就觉得自己仿佛去过了全世界；一些上海人很傲气，觉得自己发展得最早、最发达，眼睛都"长在头顶上"。生活在这种大城市，你经常能若有似无地感受到，你是一个"外地人"，而且这些城市中的一些人甚至还有点崇洋心理。

以前，我常往返于北京和多伦多之间，对两个城市不一样的氛围感受颇深。其实，不仅多伦多，我走过数不清的城市，但这些城市中，基本上没有各地区之间楚河汉界分得这么清楚的情况。比如，我是湖南省的，看到一个湖北人来湖南省，我就觉得他是外地人，但是在外国人看来，你们明明都是中国人没有任何区别。后来，我在国内的时间越来越长，这些最开始觉得很奇怪的事情我也慢慢理解了。有些观念可能已经日积月累、潜移默化地影响了一代又一代人，想要改变不是一朝一夕就能做到的。可以说，这已经成为国内独有的一个特点了。在别的国家，可能只会有肤色上的不平等、贫富上的不平等，却不会有地区上的不平等和户口上的不平等。

当然，凡事不能"一棍子打死"，每个城市都有许多形形色色、个性鲜明的人，每个人都有其不同的个性，每个人都有不同的价值观。我说的这些问题可能是一部分人的通病，然后这些通病被拿出来放大成为这些城市留给大众的标签化印象（stereotype）。标签化印象这个词是一个很重要的概念，之后我也会细细道来。总之，回国之后接触到的这些事将我之前的认知完全改变了。

不过，我从来不存在这些问题。可能因为我是在一个多元的文化背景下长大，完全接受所有国家、所有背景的人，除了违背做人底线的，我不讨厌任何人。给我几秒钟，我就能跟所有类型的人建立起基本的关系。生命里碰到的每一个人都是缘分，都是我的朋友。而且我认为，这些素质也应该是所有业务员必备的。不论是地域差异、种族差异、民族差异还是贫富差异等，业务员一定要打破这些壁垒，和所有人做朋友。

"买家"是这样炼成的

这么多年来，不管作为生意的买方还是日常生活的普通消费者，我都经历了太多的陷阱和骗局，甚至能写一本"血泪史"了。

记得经历了第一次回国买手机被骗的事情之后，我又气愤又不解。当然，我也懂得了不能在机场随便买手机的原因，如果有人再在街上无缘无故地向我推销手机，绝对不能听信，都是骗人的。但是，骗术也与时俱进，花样百出，我显然把事情想得太过简单了。

一次我去杭州出差办事，就毫无防备地"上套"了。有一天，我独自在路上骑着单车，突然一个人跑到我旁边，叫住了我："老板，老板，我会看相，你要不要听一下？"开始我完全不想理他，但他一直跟着我，在我旁边说了一堆吊胃口的话，用了一堆套路来引起我的注意。在好奇心的驱使下，我停了下来，问他要做什么。那个人拿着一个卡片跟我说："老板，我能算出来你姓什么，你看一下这个卡片，你的姓在不在里面？"他的卡片上密密麻麻写了很多字，我看了足足有几分钟，告诉他没有找到。于是，他又给我拿出另外一张。"这张有，"我点点头道。他笑了笑说："假如我能一下子从里面挑中的话，这个就属于你了。"只见他拿着一张红纸，上边写着我的姓氏——"张"，右下角写了一个580元。当时我很震惊，心想，"哇，他怎么这么厉害，竟然知道我姓什么！"然后他拿着一根牙签指了指右下角的580元，提醒我付钱。当时我觉得特别值，直接给了他600元，还跟他说不用找了。那次我就住在西湖旁边的酒店，回酒店之后我看着西湖，内心从兴奋逐渐平静下来。我越想越不对劲，打电话问朋友，朋友也不明白所以然，也觉得那个人可能真的挺厉害。那时我还不知道百度搜索，也不知道去问谁，只好作罢。几年后，我到无锡出差，又有一个人拦住了我，跟我说知道我姓什么，同样的情况、同样的套路又出现了。那时我才恍然大悟，知道自己真的被骗了。我马上搜索百度，终于弄明白了原理。就这样，他们给我上了价值600元的一堂课。

　　这种事情发生得实在太多了。其实，这些套路也可以算是高超的销售技能，我们也经常会用到。但是，你会用于一百块的生意还是一百万的生意，用于正经生意还是用作骗术，就全看你自己的价值取向和人生发挥了。

　　我每到一个城市都喜欢到处逛一逛，跟别人一聊天，大家就会知道我不是本地人。不是本地人怎么样？当然太好了，最好骗！后来还有几次，如我在北京坐出租车，司机会跟我说那天是什么节日，让我去拜拜貔貅等。现在，我已经不会轻易上当了。每一个城市都有自己的"潜规则"，"骗子"们可能互不认识，但他们说的话是一致的、合情合理的。其实，他们是在互相帮衬，默契配合，是另一种方式的"合作"，跟我们交易中的惯用技巧有很多相似之处。

做按摩椅的时候，我们跑过上海、温州、宁波等城市，到处找工厂看质量。那时没有现在这么多高科技，也没有阿里巴巴这些方便的网站，所以找一个合意的供应商很不容易。

最后，我们确定了几个供应商作为备选，其中一个在深圳。我们从北美洲直接坐飞机到了深圳，工厂的人开车接我们去工厂。当时，我理所当然地认为中国跟其他国家一样，公司是公司，住宅是住宅，所以，我以为我们会直接到一个工厂。但是，他们七拐八拐，竟然把我们带到了一个居民小区。

车子停在了一个住宅楼前，我们很疑惑，问他，他说，"工厂就在上面"。我们将信将疑地跟着他上去，看到这个所谓的"工厂"还不到30平方米，仅仅放有6台按摩椅。我立即明白过来，他是在骗人，这里肯定不是个工厂。他殷勤地给我们端茶倒水，解释说工厂很远，到那里不太方便……当时我们缺乏经验，也没有多想，就相信了他。最后我们发现，他原来是一个中间商，一个外贸公司，根本不是生产商。这件事也算是给了我们一次深刻的教训。

确实，小事上有小的骗局，如在沿海城市吃海鲜被"宰"；大事上有大的骗局，如买一个型号的按摩器材，到货之后变成别的型号，线路不对、电路不对、电压不对，所有能出问题的地方几乎都会出问题，只有你想象不到的，没有他错不了的。大大小小的骗局经历多了，我的经验也飞速增长。正是这些经历让我获得了坚硬的铠甲，成长为外贸行业成熟的生意人。

迁就退让不是买卖

刚开始回国时,我们去了上海、温州、宁波等地,都是找工厂看按摩器材。

我那时刚刚接触外贸,还不熟悉这方面的情况,不知道国内竞争有多大。当时,这些做销售的人,都把买家当神一样,不仅给我们端茶倒水,请我们吃午饭,还要带我们到处去玩。

我们完全没有这样的经历,因为开始在国外做生意的时候都是小本经营,钱不多,就是单纯的一买一卖,你看到需要的东西就付钱,卖家就送到你的店里。结果回到国内,服务完全不一样。当时觉得特别好,让我们学到了很多东西,增长了很多经验。

其间,我们又去了一趟上海,到了一个真正的工厂。

那时,上海已经发展起来了,房价等成本都很高,工厂一般都开在离市区、机场很远的地方。所以,一般都是工厂的工作人员到机场接我们。这些工作人员都很真诚善良、热情好客。当时,是司机和一个销售人员把我们带到了他们位于青浦区的工厂,两个多小时的车程。到达后我们都很饿了,他们就很热情地请我们吃饭。

这个工厂规模很大,有2000多个员工,整条流水线上所有的员工都非常忙。饭后业务员带我们去展厅,展厅特别大,里面的工作人员什么事情都尽力配合我们,让我们觉得原来当买家感觉这么好,特别是有一个外国买家的身份,受到的款待更是不一样。

慢慢地,我们积累了很多这方面的经验,得出来的结论是:国内的竞争太过激烈,当一个外国的买家来考察时,他们都愿意尽全力配合,有时候甚至会过分配合。

其实,做销售就是一买一卖,基本上是公平的交易、平等的等价交换。可那些买家或公司负责人都是一些很有经验的人、一些所谓的"老手",销售人员则多是大学刚毕业的年轻人或从小地方出来学习和打工的"打工仔"、"打工妹"。很多时候,这些缺乏经验的销售人员会被那些买家占便宜。销售人员对这些买家越好,他们就越得寸进尺。

在国外和在国内做生意最大的差异,就是国内有很多人情、面子、款待等很奇怪的东西在里边,而国外就是简单的买卖关系。虽然还是要销售,但他们给你的就是普通的礼貌、普通的介绍,没有那么多所谓的套路。

我去过很多工厂,看到过很多来中国做生意的外国买家,他们对业务员、销售人员的态度会很粗野。有一次,我在一个按摩椅的供应商那里,看到一个50多岁的中年男人直接用很不好的语气对一个20多岁的女业务员说:"Don't waste my time, just give me your lowest price."这种情况我看到过不止一两次,经常能看到。我总说,作为一个买家,正常问就好了,没有必要用那种语气。

正因为看到过很多这种不平等的事情,所以我觉得国内的销售人员有很多地方可以改进。尤其是我自己现在也有了卖家的身份,就更加深刻地体会到了这一点。我说可以改进,不是因为我觉得他们是错的,而是相信每一个行业、每一个岗位都有需要改进的地方。如果你不希望买家这样轻视你、这样对待你,就要提升自己的能力,因为你只是在销售公司的产品,并不是在出卖自己的尊严。

造成这种情况的原因有很多,我同样能体会到这些外国买家产生这种态度的原因。他们做买家做久了,会有很多不好的经历,比如,业务员当时承诺了一些东西,质量、价格、交货日期等,常常会在某个环节突然出现问题。在中国做生意,没有合约的情况很多,而且国内的合约通常不是真正的合约。所以,他今天答应的事情,明天就可能会突然变卦,或保证过的质量不能真的达到。我们现在也做卖家,都会给买家保证质量,但是否真的能达到,其实也会有轻微的问题。但买家因为有时要运到国外，你想补救也不能立即完成，这时他们就无法完全体谅你了。这些经历一多，他们就特怕自己再被人骗了，对待业务员就会像警察对待惯偷一样，特别凶，特别不礼貌，满满的怀疑和戒备防范心理。

这个道理其实很简单，一个买家，他喜欢你的时候，可能会买你的东西，但价格肯定会砍得很低；他信任你的时候，你才能最大限度地保证你的价格。这之前当然要下很多功夫，而且不能靠忽悠。你必须得把答应过的事情：产品、服务、售后等都尽量做好。

在销售过程中，我们经常会听客户说，我要底价，我要最便宜的价格。但他是不是真的要最低的价格呢？要最低的价格，质量肯定会出现问题，所以双方要进行充分沟通。要最低的价格，没问题，你要多少我都可以配合，但是做出来的质量怎么样，你要自己清楚。像我就会直接问：你要多低的价格？现在是不是马上就要谈这个价格？你对这个行业，比如我们现在做的灯具了解多少？这个东西明明80块钱才能做出来，你却要我70块钱卖给你，可以是可以，但是要把里边所有的东西都改成70块钱的质量，对你们国家还适不适合？你确定70块钱的质量就够了？

很多时候你都会看到，业务员听到客户问最低价格的时候，就拿着计算器不停地算。有什么好算的？很多时候根本不是价格的问题。同样的东西，价格可能只差几十块、一百几十块，甚至两百几十块人民币，买家买回国，不管是做批发还是做零售，那个差价对他们来讲基本上没有很大的差别。但是，他们没有别的方面可以跟你周旋、跟你谈判，因为大家似乎都觉得价格是最重要的。我们的业务员要明白，价格根本不是最重要的。这些客户问你价格、要最底价的时候，还根本不到谈价格的时间，他需要先懂得那个产品、信任那个产品、信任你的质量、信任你的做事方法。假如这些都没有谈，你再便宜他也不会买。如果他真下单了，那有没有第二次、第三次的合作就更没准了。

所以遇见这种客户，可以直接问他多少钱会买，同时还要让他明白，那个价格做出来的是什么质量，能不能接受。就像灯具行业，外表看起来一样的灯具，100块钱可以做出来，300块钱也可以做出来。虽然看起来一模一样，但是里边的结构等都可能差别很大。作为买家，他们可能不懂里边的门道，这时就要看你有没有耐心跟他们聊了。有很多销售人员对这些问题都避而不谈，仅仅顺着买家的思路把注意力集中在价格上面，其实这是很不专业的，你的生意谈下来也基本没戏。因为最后说服买家下单的，一定是比你优秀的业务员，他一定知道最重要的关节不在价格，而是怎么说服客户，让他信任你的产品、信任你的人、信任你的工厂。

做外贸是需要时间的，你与一个全新的买家最少要接触两三次才能谈价格。就像开服装店，顾客进店看中一件衣服就问你最低价格是多少，可你还不知道有没有适合他的规格、颜色，你还没有让他试穿，你和顾客都不知道他穿上合适不合适。只有这些都做了，才能轮到谈价格。

说到底，每个业务员都想把生意搞定，但是没有到收钱那个地步你就去谈价钱，实际上就是在浪费时间，一旦出错就会失去这个客户。就像你不会突然跟一个陌生女孩子说"我爱你，嫁给我吧"这样的话一样，关系都是要慢慢培养的，跟客户做交易要像谈恋爱一样。

做外贸的业务员，要培养一段关系是很费劲的，会花很多时间，可能两个礼拜、三个礼拜甚至两三个月也谈不下来一单。这也可能是他技术上存在问题，比如缺少跟进。没有跟进，自己处在被动的境地，交易就很难推进。一个买家来了中国，可供他选择的合作厂家太多了，如果你不跟进，自然会有别人跟进。他的需求就摆在这里，你不主动出击，他就不会想到你。

在国内，业务员无论是做工厂、批发还是零售，一直把价格放到最低是行不通的。他们特别需要培训关于产品、服务、流程、售后等环节的相关知识和操作细节，要集中在怎样让客户更加了解、更加信任你的产品，怎样让他心甘情愿地拿出钱来跟你做交易等方面。业务员不能指望仅靠带着客户吃吃饭、喝喝茶就搞定一桩买卖，骗吃骗喝的也大有人在，都是没结果的。曾经很多次交易，我一次也没有接受合作厂家一起吃饭的邀请，但生意照样做。我也理解中国的人情世故和行业习惯，但很多生意，特别是大生意，确实不是吃个饭、喝个茶、玩一下夜总会就能搞定的。

社会需要正能量

我始终坚信，一个充满阳光、乐于助人、积极生活的人是很幸福的。

坏人固然要防备，但坏人毕竟是少数，人不能因噎废食，不能为了防备极少数坏人连朋友也拒之门外。更重要的是，为了防备坏人的猜疑，算计别人，必然会使自己成为孤家寡人，既没有了朋友，也失去了事业上的合作者，最终只能落个失败的下场。

对服务员说"谢谢"，对弱势群体伸出援手，对跌倒的老人不含芥蒂地扶起来，这些基本的礼貌和态度是一个人应有的正能量。然而我感觉到，近年来有些人变得越来越冷漠，越来越缺少正能量了。

有一次，我们到一个工厂谈合作，一个看上去七八十岁的老奶奶正徘徊在厂门口的垃圾桶前，也看不清楚她在做什么。等我走近一看，她穿着破破烂烂的衣服，正在垃圾桶里翻捡垃圾，衣服下的身体几乎瘦成了皮包骨。我很诧异，不明白到底发生了什么让她在本该享受天伦之乐的年纪却不得不天天捡垃圾。她的儿女们呢？政府的福利保障呢？当时，我也没有能力解决她的根本问题，只能送给她一些现金解决她几天的温饱，听着她连连对我说感谢，我只觉得一阵阵心酸。

我到深圳办事习惯乘出租车代步。六七年前，有一次出行下车后，一个孕妇抱着一个小孩准备坐我空下来的这辆车。突然间，一个背着背包的男人从我前面跑过，一下子跳进了副驾驶室，心安理得地坐了上去。

　　我平时很少发火,但那天我真的非常生气。假如是他抢我的车,我肯定不会发火,就这么认他抢先了,我不会跟他一般见识,再接着等下一辆车就是了。但是,抢孕妇的车我无法袖手旁观,相信任何一个有道德底线的人也不会袖手旁观,我必须发声。我走上前去把门拉开,拿起他的包直接扔下了车,然后大声质问他。他看我态度很强硬,赶紧低头说了声"不好意思",然后捡起包悻悻地走了。看着他的样子,我心里一阵悲哀,连基本的做人底线都不顾忌了,对得起自己的良心吗?该有的最基本的礼貌、风度、包容等,这些人统统都不要了。而且,当时司机也不说话,间接默许或纵容了这样的行为。这已经不是正义感的问题,而是直接冲击了道德的底线,损害了社会和谐和族群的凝聚力。

　　现在的社会真的太缺乏正能量和爱心了。大家的防备心都很重,重到看见有老人跌倒,第一反应竟然是赶紧躲开,怕被讹钱,谁都不敢也不想去扶。我觉得,积极和善良永远是人的本性,可为什么社会越进步,人心却越冷漠呢?正如刚回国的时候,我不明白为什么会有那么多人变着法地来骗我。想要赚钱有的是正经办法,找份工作也好,做个小买卖也好,为什么要选骗人这种方式呢?后来,我越来越懂生意,越来越懂人，才明白这是无法根本改变也无法彻底消除的东西。今时今日，骗子依旧很多，骗术也进步、高明了许多。

但我们不能仅仅因为受过几次骗就容许自己成为一个冷漠的人，拒绝积极、善良地拥抱世界。既然我无法决定别人的活法，那就先把自己做好，争取让自己的正能量感染更多的人。

我们公司现在最想做的，就是能抽出时间做义工，或者到山区支教，再不济也要到大山里给那些苦孩子们送一些生活用品、学习用品，我觉得特别有意义，人力、财力的付出是非常值得的。

不过，怎么做要取决于公司的发展阶段和发展规模，要根据公司的能力，做一些力所能及的事。事不分大小，力不分轻重，只要是真心实意，就能做到心安。世界首富巴菲特是一个热衷慈善的人，他把自己的很多财产都捐出去了，并承诺在有生之年或西去之际，把至少99%的个人财富都捐给慈善事业，与他相比我们也不必惭愧，有可能他在很短的时间里就能把这些钱再赚回来。他跟马云说："你也把你全部的财产都捐出去吧！"马云说："你八十几岁，我才四十几岁，我为什么要把自己的全部财产捐出去？"马云也是一个很热衷公益的人，我觉得他说得很有道理，做公益最重要的就是尽一份心。公司阶段不同，领导人心态不同，只要有了一份对社会的责任心、公益心，在做每个事情时就会把自己这份心加上去。你今年做了五天的义工，看到了义工的作用，明年你就可能做十天。在自己的能力、条件范围内，尽量为社会付出一点真心、做出一点努力足矣。社会要进步需要团结，你的付出就是团结的一部分，无论是在街上扶老年人过马路也好，还是做几天义工也好，社会很需要这份真心。假如全世界的人都多一份真心，少一点私心，现在的世界可能进步得更快了。人类不团结不行，家庭、婚姻、公司、社会、国家乃至全世界都必须团结。而其中最重要的，就是每个人都能在自己的能力范围内付出自己的真心。

第二章

做人做事做生意

> 对所有创业者来说,永远告诉自己一句话:从创业的第一天起,你每天要面对的是困难和失败,而不是成功。困难不是不能躲避,但不能让别人替你去抗,任何困难都必须你自己去面对。
>
> ——马云

保持乐观,积极生活

我始终坚信事在人为,做任何事都要尽自己最大的努力,无论结果是成功还是失败,我都能坦然接受。失败没有什么大不了的,无非是从头再来。真的做不成,就停下来想一想,找到问题所在,努力克服困难、扬长避短,再做一次。困境中怨天尤人永远解决不了问题,只能靠你的头脑和双手一步一步做出来。

平日里,我总喜欢鼓励别人,告诉他们"没关系,你很棒"。我遇到难关时,也经常给自己打气,告诉自己"我可以做到,我能控制自己的情绪,我没问题"!这样,我就能继续充满活力地走下去。

凡事想开一点,保持一个乐观的心态。有什么烦心事如果找不到人倾诉,就先自己跟自己聊聊,对着镜子问问自己,为什么不开心,哪件事让自己很烦?然后对自己笑一下,告诉自己几个小时就过去了,或者睡一觉就过去了。反正几十年来一直好好地活着，已经证明以前所有的问题没有解决不了的。如果有一天真的解决不了，很长时间解决不了，到死也解决不了，死后也就没事了，还有什么大不了的？如果你控制不了情绪，遇到难题就喝酒、抽烟，觉得生活放弃了你、社会抛弃了你，那你将永远一事无成。

我的情商原本也并不是很高，现在之所以能被很多人认可，都是生活经验的积累。到了我这个年龄，如果还管理不好自己的情绪，就没资格照顾家人、朋友。其实，现在很多人都很乐观，不会轻易迷失方向。而我一直往前走，就是不想自己在某一刻突然停下来。因为这个世界很搞笑，你不能停下来，停下来等于在后退，这个地球不会等你，世界也不会等你，原地踏步就是在退步。而且，我们不是没有力气，还有力气、还有干劲、还有想法，你就要勇往直前地大步往前走。

保持乐观、积极生活、凡事尽最大努力，做过的事就不要后悔，是我始终铭记于心的信条。

控制情绪，提高修养

一般情况下，人们发火都分真假。真发火不用说了，所谓假发火，就是你不愿意听我说话的时候，我知道必须发火你才能听进去，就会发火给你看。这时，我往往并不生气，相反，内心可能还很平静。我知道必须生气发火才能让你安静地听我说话，这就是假发火。

一般来说，我发火都是假发火，基本都是顺势而为。而我真正生气发火现在已经少之又少了，无论是对家人还是对员工，甚至陌生人，我都很少出现控制不了自己的情况。有时候即便发了火，最多十分钟也能冷静下来。说实话，我现在已经不记得最近一次发火骂人是什么时候的事了。

做到这一点并不容易。如果你做不到真正的内心平静，起码要学会

控制自己不将脾气随意地发到旁人身上。发火时所说的话通常都很伤人，被情绪一时控制住了，咽不下这口气，一冲动把嘴边的话说了出来，就给两个人的关系造成了无法弥补的裂缝。其实，咽回下一口气又能怎么样呢？有什么是一定要逞一时之愤说出来的？有时可能就是因为冲动的一句话，就给对方造成了无法挽回的伤害。

"说者无意听者有心"，有时你想说的话也许并没有那么严重的意思，但是对方接收到的就是一个伤害性很大的讯息。你可以先尝试着把你要说的话在心里骂出来，控制自己不要说出口，定一定，停一停，深呼吸，默念"你说得对，说什么都对"……用一句流行的话就是，你那么美，你说什么都对！

其实，生意、合作、买卖都是这个道理。说到买卖，我在商场上摸爬滚打十几年，跟大多数生意伙伴基本上都合得来。当然，有很多人在社会上跟别人都很合得来，大家都觉得自己特别好，没有人能意识到自己有问题。你应该意识到自己的问题，没有人投诉你，就自己投诉自己，每找到一个问题，你就可以进步一点。

做买卖也要合得来，你喜欢我，我也喜欢你，那好，我们合作吧。合作中有什么问题、误解，然后你说我不对，我说你不对，这种情况肯定也有。做生意，一定要给彼此一些空间。我在市场上这么多年，不同的行业做过那么多，肯定也会招致不少人的诟病，怎么不好，怎么不对，觉得我欠他钱，觉得他追着我要钱我不还；我可能还会同时觉得他不还钱，觉得他占了我便宜，等等。这就是立场不同，各为其主，没有对错之分。

对方永远都会说你是错的，你永远都会觉得他是错的，他的朋友、他身边的人、他的公司永远都会帮他，你这边的人永远都会帮你，他们都只听一面之词。不管你有多好的理念，出多少本书，这种情况也永远不会改变，人的心态永远都是为自己考虑得多些。在保证把自己做好的基础上，你能把那种"大无畏"的精神发挥到哪一步就尽量发挥吧。你没有办法让他不讨厌你。他讨厌你，那又怎么样？没事，我可以主动跟你合作，用不着你主动。可能双方都有损失，那自己就主动点，说一句"对不起，可能我有做错的地方"，接不接受就看他的了。商场上经常会出现这种情况，你无法完全避免。所以，合作的时候如果出现这种问题，为了双方的利益，需要你先让一步就让一步吧。但如果真的谈不下来，退让也没有用那就只能放弃。因为凡事只涉及你一个人的时候，你可以坚持，多难都能坚持，但双向的事情你没办法坚持，必须要靠对方配合。对方死活不愿意配合，你就没办法坚持下去，还不如直接找个新的搭档、新的合作伙伴。而且，他不是你的老婆、不是你的老爸，他不爱你，跟你的合作不会掺杂感情因素,他会寻找其他选择。他可能就是不愿意跟你磨合,想直接跟别人合作。你尽量去挽救,尽量做好自己那部分,结果还是没有办法挽救这个合作关系,那就"尽人事听天命"吧。你别无选择,只能继续向前,寻找"情投意合"的新伙伴。

这种大道理在路边随便找个人都能讲出来,但是能不能真正做到,就要靠你自己了,这尤其需要那种内在的修养。你能够做到不代表你比别人高级,只代表你对自己的行为尽了责任。

人都是有情绪的,要学会跟自己聊天,学会开解自己的心结。人生只有短短几十年,发生过的事情一定会过去,没什么大不了的。要往前看,继续一步一步地强大自己的内心,修养自己的心灵,一边做一边学,就这么简单,并不是很高深的学问。要改变别人就要先学会控制自己、改变自己,如果一个人连自己都控制不了,那还能控制什么呢?

学会反省,学会改变

我已经43岁了,到了所谓的不惑之年。可现在,我仍觉得自己很年轻,人生不过才刚刚开始,还有很多人生的"惑"等着我去解开。每天,我会不断提醒自己,"你什么都不懂,你还要不断地学习";每晚,我还会抽出时间来自我反省。我觉得,这就是这么多年来,我学到和做得最好的品质。每天躺在床上,回想一下,这一天发生过什么事情,当时有没有另外一种更省时间、更省钱、更让别人觉得舒服的做法。

曾子曰:"吾日三省吾身,为人谋而不忠乎?与朋友交而不信乎?传不习乎?"

其实,做销售也是这样。一个合格的销售,一定要懂得正视自己的问题,懂得在自己的身上找问题,进而总结、反思、进步。

"内心强大才敢于承认错误,对错误复盘分析是找到正确方向的必要手段，公司从上到下要建立批评和自我批评的文化，从错误中发现机会，不断进步，与时俱进。"

前线的业务员，每接待一个客户，一定要把从准备到接待到结果这个过程，完完整整地写出来。同时，你还要把这个客户的状况从头到尾记录下来。准备收钱的时候，我能少说什么就少说，可以不说什么就不说；还需要再往前推一把加点柴的，我还要说什么，他问的这个问题我为什么提前没有准备……销售跟律师也有相通的地方，律师永远不会问一个他不知道答案的问题，做销售也是同样。客户要问的问题，我们的答案肯定是早已准备好了，我知道他什么时候会问什么问题，我知道他顾忌的是什么，这些都是我分内的事。而且，销售的关键环节特别简单，不管哪个行业，问来问去也就是那么七八十个问题。你能把这几十个问题的答案纯熟地背出来，那销售就变得很简单了。如果客户提出的问题你不知道答案，那就是你的问题，就证明你做得还不够好、还不到位。

总之，反省是非常重要的事情，无论是做销售还是做人。如果每天晚上躺在床上不让我反省一下自己，这比不让我刷牙更让我痛苦。

马云说过："绝大部分的人把自己的能力看得过高。99%把自己能力看得过高的人总是埋怨别人有问题、世界有问题、规则有问题、体制有问题，从来没想过自己的能力有问题，更没有想过自己的责任有问题。80后、90后也好，我们这个年代的人也好，都有过这样的事情，总觉得我挺厉害，凭什么我没有机会他有机会？凭什么马云有机会我没有机会？"

"年轻人不要老抱怨社会，而应该想着怎么反省自己，找到创业机会；年轻人不要老想着改变世界，而应该从改变自己做起。"

吸引力法则

生活中,情感、态度、情绪、人际关系等,无一不是相互的。你如何对别人,别人就会如何对你;你如何对生活,生活就会如何对你。"吸引力法则"告诉我们,"相似的东西会招引出相似的东西",多释放些善意给世界,世界就会给你最大的善意。如今,社会可能不再像以前那么单纯、质朴了,但我依然相信,人性本善,"恻隐之心,人皆有之;羞恶之心,人皆有之;恭敬之心,人皆有之;是非之心,人皆有之"。

简单地说,假如有一天,我的女员工拿着男客户发给她的信息给我看,上面写着让她去酒店谈生意,我会直接对她说,"你不用去,直接删除短信",就那么简单,因为其中的含义不言而喻。假如是对方态度不好交流不下去,我就会问清楚他们的对话模式,给她改进建议,不会让她轻易放弃。态度是双向的,情感是相互的,你对我态度不好,我自有办法让你改变。就像你在路上看到一个陌生人,他几乎不会对你有任何特殊的表情,他不会对你笑,不会对你凶,什么都不会发生。可是,你有办法让他笑,也有办法让他凶,这些"钥匙"就掌握在你的手上。

在大马路上与他擦肩而过,你对他笑,跟他说句"你好",他就会回应你一个微笑;你不分青红皂白,跑上前去就对他开骂,他马上会翻脸回骂你。这个道理几岁的孩子都知道,只是我们很多时候都察觉不到最有效的学问原来就藏在最简单的事情里。可以负责任地说,对一个客户,在完全没有接触过的情况下,第一次接触时,他的基本态度你完全有办法控制。即使他可能一上来态度就不怎么好,你还是能够扭转他的态度,赢得主动权。当然,这取决于你有没有炉火纯青的功力,有没有技巧娴熟的对答,看你有多少阅历、多少经验等。但是,如果交谈一次、两次、三次、四次,他态度还是不好,问题到底出在哪里就不好说了。是员工态度不好，还是客户有问题，或者是他看不起你？假如客户没有一个沟通、相处的基本态度，你怎么努力交易都不会成功的。即便勉强做成了，之后也会接连出现很多麻烦和问题。我完全相信别人的态度你是可以控制的，今天我出现在你面前，就要让你开心，你的态度在我手里掌控着。同时，我也被你控制了，因为你给予我的，也是笑容，也是享受，也是轻松，我们成朋友了，已经不仅仅是谈生意了。所以说，态度是双向的。

萨克雷说过："生活是一面镜子，你对它笑，它就对你笑；你对它哭，它也对你哭。"

之前我也说过，我和同事相处都很和谐，因为我们都随和，不像一般意义上的老板和员工之间那种关系。在大家的印象里，老板一般都会高高在上，不苟言笑，更不会开玩笑，员工见了都恭恭敬敬的，"您好，您有什么指示？"而我与员工的相处模式是好朋友，员工们有礼貌，也很尊重我，并且是发自内心、由内而外的尊重，不是装出来的、口头上的。我们互相关心，温暖信任。所以，你对别人好，别人就会对你好，这就是情感的双向性。

少些套路，多些真心

生活中有很多普通却蕴藏着巨大能量的词语。我个人认为最有用、几十年来对我帮助也最大的三个词是："谢谢"、"不好意思"和"好的"。

"谢谢"是我最喜欢用的词，无论客户、家人还是员工，无论事情大小，只要他们帮助了我，或者给予了我方便，我都会不厌其烦地说"谢谢"。我感谢每一个出现在我生命里的人，我经常会对他们说"谢谢"。不是因为我爱用这两个字，而是我真的很感谢，我真的觉得大家的出现对我是来说是很值得感恩的事。

"谢谢"是一个永远不会用烦的词，简简单单两个字，就代表了你的感恩、你的接纳、你的喜欢，诚恳地说出这两个字，无论做什么事情都会大有裨益。

餐厅服务员给你端上一个菜，你可以说声"谢谢"。因为很少人对他这样说，很少人能看到他的辛苦，多数人的双眼都盯着菜，看不到人。你给他一点点反馈，一点点注意，就可以改变他一天的心情——一个眼神，一声"谢谢"，他心里的太阳就升起来了。

不管别人对你说"谢谢"是不是发自真心，你听到后都会感觉很舒服，关系就这样慢慢建立并一步一步亲近起来了。他觉得我帮到了他，我也知道了自己做的事情有意义。自己做了他人需要的事情，你知道自己是被他人需要的，就会体验到自己的人生价值。很多老板都没有对自己的业务员说过"谢谢"、说过"对不起"。有时明明是他错了，或者别人帮了他很大的忙，他也不会说"对不起"和"谢谢"。

一个人做的事情值得感谢的时候，这个"谢谢"就必须要给他。有时，可能事情很小，他自己也不会期望得到一声"谢谢"，你给了他，他就会觉得特别舒服甚至是惊喜，就会想着也许下次可以再做多一点、再做好一点。

平时，你说的每个不同的词，随着不同的语气、不同的环境，都会产生不同的效果。但"谢谢"不是，只要你真诚地向对方说出来，是绝对不会产生任何反效果的。有的人会说，跟自己很熟的人说"谢谢"，会显得关系很生疏，觉得已经是那么熟、那么好的朋友了，没必要再说"谢谢"了。其实不是这样的，无论关系多么亲密，只要他为你付出了，为你做了感动的事，你一定要说"谢谢"。只要你真诚，就不会让关系变生疏，只会进一步拉近彼此的距离。

当然，你不能只会用这两个字，其他很多东西，也都需要予以配合。无论是外观形象还是内在气质，无论是举止谈吐还是言行内涵，都是互相配合的一个整体。你配合得好，跟任何人沟通都会简单轻松。当然，对比你气场高的人也可以通用。

"不好意思"（Excuse me）在英语里是一个很有活力、用途广泛的词，有风度的人都会运用这四个字。出去吃饭的时候叫服务员做什么，都会用"Excuse me"开头；问路的时候也常会用到：Excuse me，请问您知不知道去什么地方怎么走？这个词在汉语里相当于"不好意思"、"麻烦了"、"打搅了"、"劳驾"、"借光"等，要灵活、恰当运用。

"对不起"（Sorry、My bad）这类用语不仅可以用于你自己做错的场合，一般的沟通都可以使用，甚至别人做错的时候你也可以说。当然，打官司的时候不会用，搞保险的时候不会用。比如，你见客户或者跟女孩聊天的时候，对方拿牙签时不小心扎到了你，你可以马上说："哦，对不起，我的错。"其实不是你的错，很小的事，没流血，什么都没有，就是不小心碰了一下，但一句"我的错"产生的效果甚至能大到出乎你意料的程度。当然，对方不会马上表现出他的另眼相看，也不会跟他的朋友说，"刚刚是我扎了他，但他先道了歉"，更不会发朋友圈，但是，他会牢牢记在心里，以后你跟他合作起来就会更舒服。

"对不起"这类用语要用得恰当，不能过度使用，太多或太少都不行。比如，你不能从一开始就不停地说"对不起"，用得太多会降低自己的地位。

销售工作研究的其实就是怎么对待别人，"对不起"这类用语就是协调人与人之间关系的好帮手。比如，我们零售店经常有客户带着卖给他的东西来吵架，说你这个东西哪里出现了问题。你肯定不会跟他吵，他拿进来，你只用三句话"对不起"、"没问题"、"我帮你搞定"就足够了，有这三句话他就舒服了。如果他还不舒服，还要骂，你就继续"对不起"、"是我们错了，我帮你打听"……你一直诚恳地道歉，他的火气总会熄灭的。所以，你要懂得恰当运用。一句话在不同的场合、不同时间说出来，效果可能很不一样。你在垃圾场旁边跟在浪漫的海岛上对一个女孩子说"我爱你",效果就有天壤之别。所以,说话用词要看场合而定。

这个方法百试不爽,没有一次不灵,除非是什么伤天害理的事,否则一定有效。

另一类非常好用的词是"好的"(Of course, Ok, Sure, No problem 和 Alright),在汉语里相当于"当然"、"可以"等。与人交往时,我经常提醒自己要用"好的"代替"不"(instead of saying no)。老板让你做事情,十次里可能有三次你都不认同,但当下他并不需要你的认同,只需要你说"好的"。老板没看到的一些问题,你可能想马上告诉他,而不想直接回应"好的"。其实,你可以先说"好的",他听到了,心里舒服了,你再给他解释哪些地方存在什么问题。比如,一个女士跟老公或男朋友说事情,他立即回答说不行,这样做不好,或因为什么这个东西不要买,那个事情不要做,反正不适合。出现这种情况,女士可能不会跟他吵架,但心里一定不会舒服。

尽管心里不一定认同,但不妨先说一句"好的",等晚饭后坐在客厅看电视的时候,再把这个事情提起来:"你说的那个其实挺好的,但是时间上可能不合适。""我看看,这个日期我们已经预定了别的活动,不方便改期,要不我们把这个事情延两天?""你要买的那个东西暂时好像不如这个东西用处大,要不我们放一放,先买这个?"同样的意见,换一个时机,用不同的方式表达出来,效果完全就有180度的不同。

后来我也学会了怎么说"好的",对顾客、对老婆、对爸妈都很有用。以后你可以试试,不要立即说"No"、不好、不想、不怎么样,或因为什么所以不好。尽管你确实觉得不好,也可以说"可以,让我想想",或"好啊,但是,这样做是不是会更好?"或"哦,现在有点忙,晚一点我们再聊这个事情好吗?"类似情况有很多,销售对买家也好,老公对老婆也好,很多情况都是人与人的沟通交流,正面冲突永远不是上策。能够把事情做得圆润一点，自己不用发火，对方也不会生气，以柔制刚才是首选。

如果对方要做一件你不赞同的事情，也不要一心想着怎样去改变他。而要想一想，他做这件事一不会影响你明天的生活，二不会影响你们的关系，只要不会产生严重后果，那就让他做吧！只是当下你气不过，其实马上就可以过。他肯定不是去杀人放火，为什么不让他做？你想做一件事情，也希望得到大家的支持啊！所以，下次他想做一件事情如果你不同意，但还能真正支持他，你就会得到他的信任、完全的爱、完全的包容和接纳。

比如说，即使你做什么我不同意，我也不会马上否定你。我会告诉你："我不同意你这么做，但我支持你。"我老婆不同意我频繁地回中国，但她百分之百支持我，这里就包含了爱和包容。也许你内心有过很多挣扎，也许你自己暗暗做过很多努力，但人与人之间永远不会达到没有摩擦、没有冲突的境界，也正是因为这样才永远都有进步的空间。

"自古真情留不住，唯有套路得人心。"但是，所有的套路、所有的措辞、所有的技巧都不如一颗真心，真心应该是所有套路的核心。现在，很多人不愿意用真心对人了，尤其是在社会上混得久了，难免会真心少些，套路多些。所以，你能保持一颗真诚的心，就已经是做人成功了。

打造核心团队

认识我的人都知道，我是一个自恋、不怕失败、充满正能量，有时甚至有些盲目乐观的人。我不喜欢沉闷的环境，觉得只有在轻松的环境里才能激发出大家更多的潜能。所以，我喜欢用各种玩笑逗大家乐。朋友们都笑说我"傻"，但我知道这个"傻"不是贬义词，而是对我的一种肯定。

磁场相近的人总会不由自主地走到一起，所以我的团队、我的同事也都是跟我一样的"傻子"。我们尽最大努力做事，也抱着最放松、最乐观的心态等待结果。我不敢说我们现在做得多么成功，但是能一步一步走到今天，我们靠的就是共同的价值观：乐观、不放弃和坚持反省。

一群"傻子"聚在一起是有魔力的，几乎很少有事情能使我们一蹶不振，即使遇到了最艰难的困境，苦中作乐对我们来说也是"小菜一碟"。

我希望我身边每一个小伙伴都把自己当成经营者，而不是打工者。所以，我不愿意称这群可爱的小伙伴为"员工"，我从不认为他们是在为我干活。我觉得，我们就是价值观相同、志趣相投的一家人。

马云在谈到如何建立自己的核心团队时说："我选择的核心团队，其实就像我选择员工、员工选择我一样。我选择什么样的员工？我选择平凡的人。什么是平凡的人？就是没把自己当精英的人。我不喜欢那些精英，精英的眼睛都长在头顶。我不喜欢那些把自己看得很聪明的人，有的人说我智商特高，我觉得一般说自己智商高的人情商都低。因为这个世界没有一个人可以真正独自做成事，你离得开谁？边上很多人在帮你。所以，我要找的员工是平凡的人，什么是平凡的人？有平凡的梦想，我要找的员工首先他要有梦想。什么是梦想？不是要为社会主义奋斗终生改变全人类，个人的梦想就是我要买房、买车，要娶老婆、要生孩子。这是人最基本的梦想，因为这些梦想最真实、最实在，首先是为自己干活，这样的员工我喜欢。在完成自己工作的情况下，也可以为别人干点事，这样的员工特别实在。所以，我十八个团队的人，基本上我没有发现一个——包括我在内——会说自己特别出息、特别能干的，我们都是平凡的人。平凡的人在一起做一件不平凡的事。什么是伟大的事？伟大的事就是无数平凡、重复、单调、枯燥地做同一件事情，就会做成伟大的事情，我们十八个人就是这样做的。我是怎样培养他们的？

培养是互相的，他们也培养了我。跟他们一起共事我觉得毕生荣幸，因为他们信任我。很多人在公司里经常问的是，我缺资源，假如我有这样的人，假如我有这样的设备，我就会了不起。任何事情加上'假如'两个字就等于没说。公司里最大的资源就是信任，你跟你的团队是不是互相信任？他们帮助了我很多，我怎么留住他们？我从来没有留过他们。阿里巴巴十年来的22000名员工，离开的也有10000名左右，我从没留过任何人。留住员工的是我们第一天所达成的共同使命和目标。他们不是为马云工作，而是为我们共同确定的目标工作，我也为这个目标工作，你也为这个目标工作。大家共同努力，我觉得，这样才会留得住人。"

尽管我在公司里充当了一个长辈的角色，但我的原则一直都是"不惜夸奖，不吝指教"。他们有好的创意、想法我都非常乐意借鉴；他们帮了我，我也一定会说"谢谢"；如果有什么可以帮到他们，我也会毫无保留地分享我的经验。

同样，举棋不定的时候，我也会认真询问他们的意见；做得不对、考虑不周全的时候也会虚心接受他们的批评。我身边的小伙伴都知道，跟我共事，想说什么不用看我的脸色，直接说就行，想开我玩笑只要说一句"你很帅"我就不会生气。

每个人都有缺点和优点，如何发挥优点、改掉缺点、共同进步呢？唯一的办法就是坦诚相待、真诚沟通、不断地反省、不断地学习。失败了就当上了一课，从中汲取有营养的东西，这样才有进步的空间、成功的机会。比我们成功的人太多了，我们要学习的东西也太多了，只要有时间、有机会，能学就学。爸爸妈妈以前总说："任何东西都可能被别人抢走，老公会被人抢走，钱也会被人抢走，只有学到的本事才是自己的，谁也抢不走。"小时候听到这种话还不能理解，现在年纪越大越觉得是真理。

在我的意识里,用人的第一要素就是正能量和主动性。要有想跟大家和谐相处的积极态度,有一个愿意共同进步的理念,愿意知道自己的缺点,愿意知道自己还有进步的空间,愿意知道其他人身上都有值得自己学习的地方。你能找到这样的人,大家在一起工作就会简单一些。

每次招进一个新人,你肯定希望他能尽快达到岗位要求,也希望他能跟不同岗位的人协调配合起来。所以,你找起来要很小心,不能严苛挑剔,也不能漫不经心。

我是一个充满正能量的人,最大的希望是能感染我身边的人。所以,若一个人负能量太重,又不想主动改变,我是不敢用也用不了的。我无法改变一个人的性格,"江山易改本性难移",一个成人都有二三十年的成长经历,他已经有了一套固有的思想体系,有了自己的"三观",你要完全改变他,基本上是不可能的。也许当下他能暂时改变一些,可以委曲求全地认同你,但骨子里的东西是不可能变的,对此谁也无能为力。

所以，我招人永远不是学历第一、经验第一，不是说学历不重要、经验不重要、背景不重要，而永远是个性最重要。

软件跟硬件的差别就在个性跟学历、经历、能力上，学历、经历、能力这些是可以学习、可以积累的，你不懂灯具，可以去学，几天就懂了；你不懂英语，可以几个月不停地学，上课、练习、看书、对话，坚持下来也就学会了。但你若个性不好，我不知道要怎么让你去学，不知道要费多少力气才能让你学到那些东西，不知道要花多少时间才能把你的负能量变成正能量，而且前提是你要愿意改变自己，有兴趣学习。现在大多数人都不愿意学习，都觉得自己已经很好了，对此我就一点办法也没有了。有时也会碰到很多的确很牛的人，他是很厉害，能把事情做得很好，但是他觉得自己已经是第一名了，不需要进步了，这样他也没有进步空间，跟同事相处自然也不会好。公司不是我一个人的，也不是哪一个人的，而且业务越来越复杂，我们还要配合工厂、配合加拿大的公司，虽然步调要完全一致几乎是不可能的，但是你要尽量去做，尽量主动地去配合，那万事就会比较顺利一点。我们是一个团队，我要为大家负责，如果一直迁就他的消极、不协调，那很有可能拖垮整个团队。

"不要让你的同事为你干活，而要让我们的同事为我们的目标干活，共同努力。团结在一个共同的目标下面，就要比团结在你一个企业家底下容易得多。所以，首先要说服大家认同共同的理想，而不是让大家来为你干活。"

所以，我宁愿你从未接触过英语，宁愿花钱让你从零开始，也不愿意请一个很消极、负能量很多、经常抱怨、态度个性都不一致的人。但你一定要追求进步，一定要愿意学习。

另外，我不明白为什么一些工厂的老板会那么在意学历，你若不懂英语他就直接把你拒绝了。做外贸仅仅是懂英语就能做好的吗？做销售需要的是性格开朗，而不是你"专八"的证书。这个行业不需要你死背书本上的知识，需要的是你实践出真知的技能。即便你懂英语，优势也就是能回几个邮件而已，可不懂英语的人同样可以回邮件。你懂英语却没有沟通能力、销售能力，没有交往能力、个人魅力，最终还是难以成事。

就是说，你仅仅停留在书本知识上，不会在实践中学习进步。简单说就是，你会中文，我会中文，他会中文，就代表我们都可以做销售吗？不是的。所以，你仅会英文，也不一定能做销售。招人真的是一门很高深的学问。录用一个人，你会看到对方的很多缺点，而且是他自己看不到的缺点，你要先全盘接受，之后再慢慢不经意地改正他的缺点，帮助他慢慢进步。但是，所说的这一切，前提都是要他自己愿意。

当然，招人不可能百发百中，弹无虚发。我肯定招过一些不适合我们的人，所以，最后只能请他们离开。不过，这个互相认识、互相磨合的时间不会很长，不会浪费彼此很多时间。物以类聚，他也能很快察觉到自己跟大家不是同类人，不属于这里。

此时，老板的主动性也很重要，也要愿意去磨合，而不能因为自己是经理、是厂长，就觉得自己是最厉害的人，所有人都要听你的。如果这样想，你的公司就永远不会进步。招员工进来，不是为了让你提升优越感，给他们安排的事你全部都懂，显得你非常厉害，而是要放手，希望他们能自主完成工作，并反过来可以教给你一些不懂的问题，给你一些新鲜的建议。我给你这么多的工资，就是要看你怎么做，而不是要我事事教你怎么做。

有时候，老板要员工努力为公司做事，努力提升自己的素质和能力，上下员工的思想步调达成一致，公司的气氛非常关键。我认为，公司可以尽量多搞一些活动，老板要参与，员工也必须参与，当然，员工能够主动参与最好。老板平常要能跟员工打成一片，员工才会愿意跟老板一起参与这些活动。我记得，我开始跟我的销售经理说计划每年一起旅行的时候，他曾提出可不可以不去旅行，我说，可以，没问题。但是接触没多久，我就发现他的心态变了，开始愿意跟我一起到处看看了。其他同事也一样，强迫他们出去学习可能没有效果，但是，如果你一开始跟员工相处得好，关系好，能打成一片，能一起出去玩，一起学东西、看东西、听东西，大家都很开心，员工就会越来越愿意与你合作。活动结束回到公司，大家做事的气氛也会变得更好，进步就会更快。一个公司的成长靠的是人，社会的发展靠的也是人，那么，你与他们相处好了，他们就会乐意合作，发自内心地认真做事，而不是凡事得过且过。

上进心是激发出来的，不是强迫出来的。你可以强迫一个人做一件事，但不能强迫他有一个好心态。你要把自己的理念给他慢慢灌输进去，用你的心态慢慢感染他。员工有了好心态，玩的时候才会开心，做事的时候才会认真。做事容易做人难，心态不是短时间内可以改变的，老板与员工要想一直保持良好的关系，老板首先要有这种理念。比如说，你平常对一个员工凶巴巴的，一天突然带他去旅行，他也不会真心享受，不会真心跟你相处。而如果一开始就有良好关系的话，以后什么事情都容易做。良好关系都不是突然建立起来的，而是一步一步经营出来的。

我特别害怕这么一种人：做什么都觉得是超乎自己职责范围的额外付出，只要多付出一点都觉得自己亏得要死。你要知道，你现在做的每一件事都不会白费功夫，你做事时也是在学习进步。比如，你是文职，有一天我想让你帮忙验货，你的第一反应是"这不是我的工作范围"，干得不情不愿。你有没有想过，你在验货的时候，可能不经意间就学到了一些对你以后有帮助的事情，也许并不是马上能用到，但早晚会对你有所裨益；还有可能你在做事的时候认识了某个人，以后他可能就是一个能帮你忙的人，带着你发展的人。所以，无论什么事，只要你能做，都要作为学习进步的机会来把握。有的人不仅没有把握住这样的机会，还会觉得自己白费了功夫，做了无用功。

很多时候，我都希望合作的小伙伴能够把握各种各样的机会去吸收、学习。二十多岁、三四十岁的人可以辛苦一些，可以熬也可以撑，能学到东西就是价值所在。

计划出版这本书的时候，我跟公司的中国区销售经理说："你不忙就跑一趟北京吧。"她说好，然后几个小时之后就到了。这种事不是所有人都愿意做的，有的人可能会说："不行，我今天晚上约了人。"约了人只是借口，真实的原因可能就是他觉得去北京又冷又辛苦。但他没想过，这次旅行可能也是一个机会，能学到很多东西。很多从前不知道、没看过、没碰过、没接触过的东西，几天下来就略知一二了，可能两三年之后，与其他人聊一个关于这方面的话题，你一下就想起了这次经历。所以，如果常常觉得这个不关我的事我不能做，那个不关我的事我不能做，那你只会停滞不前。你现在觉得自己很厉害，其实没有什么人是不能被替代的。你唯一能做的就是把自己的"内功"练得更强，增加自己的不可替代性，这样你以后的路才可以走得更顺畅，更值得别人珍惜。

你现在做的每一件事情里都有许多东西值得学习吸收。你能够吸收多少，我没办法控制；你能学到多少，我也不知道，但是，如果有机会学习进步，就努力去把握吧！

当然，每个人都有自己的追求和选择，我都会给予尊重。但我真心希望跟我合作的小伙伴能有更多机会，不要永远待在一个小城市做一份小工作，一辈子没有目标、没有理想、没有将来，一生很平淡地就过去了。我觉得，每个人的一生中都需要有精彩的一刻，如果你没有准备好，即使摆到你眼前，你也什么都做不了。"趁着年轻，多出去走走看看。读万卷书，不如行万里路。行万里路，不如阅人无数。"所以，在有限的时间里，只要我有能力，就会带着员工到不同的地方去开阔眼界，其实很多时候我并不需要与他们一起出去，但一边走一边看，我也能学到很多书本上永远学不到的东西。

2017年,我带一个从没有出过国的同事去了越南和泰国,因为我感受到了他学习的意愿,觉得他愿意进步。我不会在路边随便找个人,说"你跟我去越南好不好",当然人家肯定也不会跟我走的。

找合作伙伴也一样,我会主动选择那种心态积极,主观上愿意与我们合作的人。

做就是了!

在我的人生字典里从来没有"不可能"三个字,我也不相信真有什么不可能的事情。对我来说,但行好事,莫问前程,尽管做就是了,总有一天会成功。我最怕的就是别人跟我说"不可能",几十年前人类都登陆月球了,还有什么是不可能的?即使真的不可能,把它变成可能不就好了!

一个合格的销售人员一定要充满这种正能量,时刻保持一个积极的态度。成功需要经历无数的失败,没有正能量,很多事情就无法继续下去。记得2017年10月底香港要举办灯展,我10月1日才决定参加,但已经过了报名截止时间,准备时间也不充裕。同事们几乎是立刻否定了我的想法,都认为举办方不可能同意,我们也来不及准备。我说,没有什么不可能的,现在马上做就是了。经过积极联系争取,我们终于收到主办方的回复,说可以挤出一个位置给我们。我们立即开始准备。其实,当时留给我们的时间真是太少了,不仅要安排展位装修、要做宣传画册、要订酒店,还有很多环节都困难重重,都需要各方面的配合。我们一步一步埋头做下来,圆满参加了香港灯展。我们真的做到了。

康德曾说:"既然我已经踏上这条道路,那么,任何东西都不应妨碍我沿着这条路走下去。"

所以,很多事情其实都没有想象的那么复杂,不要没有开始就给自己寻找放弃的借口。当然,在决策的时候,把风险和可能遇到的问题分析清楚是非常必要的，要尽最大可能规避不必要的麻烦。在一件事情还尚未开始的时候，不要只把眼睛放在种种假想的困难和障碍上，而应该更多地看到可行性和前景。这样你再遇到意料内外的种种阻力时，才会充满动力，坚持做下去。

比如这本书，开始我让销售经理去接洽出版的事情时，她手头还有很多本职工作，头绪、事务非常多。面对我突然交给她的完全陌生的任务，她自然是害怕忙不过来反而事事都处理不好。听了她的顾虑，我就告诉她，你每天回去都要脱鞋脱外套、给自己倒杯水，然后要洗衣服、要照顾女儿、要睡觉，这些琐事同样是很多事情，可是你并不会意识到事情多，这是为什么呢？因为你已经习惯了，这就是你每天都要做的事情，你不会觉得应付不过来。其实没有什么事情是完成不了的，也不存在你承受不了的压力，只要你去做，就都可以处理安排好。很多事情等你去做了才会发现你完全可以胜任、可以完成。

每天要做的东西很多，若你总是想它们，你就会很烦。可以有一个基本的计划，但是若你把它们想成一堆很麻烦的事情，就把本来很简单的程序都搞得复杂了。

卡内基在梅隆大学演讲时说过："不要刻意制定计划，那些有关计划的东西，你们可以扔掉了。在我看来，一切都关乎机遇和争取到自己的运气。如果你观察那些最成功的人士，你会发现，他们工作努力并充分利用了机遇，但他们并不知道那些机遇会降临到自己头上。你无法为创新制定计划，你也无法为发明制定计划。你所能做的就是，尽自己最大的努力待在正确的地方，并随时准备着。"

所以，我想说的就是不要给自己借口，不要说做不到、不可能，只要你努力都能做得到。

做人和做生意有很多相通的东西，都是做出来的，不是讲出来的。你能想到一千万个不做的理由，却不能踏出第一步。当你真正踏出了第一步，就会发现原来事情是那么简单。

你的命运能不能掌握在自己手里，完全取决于你自己。朋友圈里天天能看到那些被转发了一万遍的鸡汤文，"最怕的就是比你优秀的人比你努力"，但你真的怕吗？看完后真的会反思吗？是不是只是早上睡醒没事干无意间刷手机刷到这篇文章，然后转发一下就翻身继续睡了？懒惰是本性，就像小时候，谁都在学期末发过豪言壮语，说下个学期要好好学习，但新学期一来还是老样子；谁都在考试前抱过一堆书回家，说要通宵奋战，最后却原封不动地带回学校。每每看到这样的你，家长还总会埋怨："背这么重的书回来又不看，还不如不带。"

行动力太重要了，我们所谈的一切，如果没有行动力做支撑，根本都是空谈。

说起来都简单，做起来却很难。我以前就是一个没有行动力、整天沉迷玩乐的人，是爸爸的破产像一盆冰水当头浇醒了我，让我从此克服了玩乐的状态。现实的窘境逼得我无路可退，不得不迅速长大。

所以，虽然大家都不喜欢挫折，但当你真正克服、战胜了它时，你也就长大了。人都会长大，只是有早有晚。就像年轻人总喜欢追捧名牌，自己的工资可能还不够买条皮带，但也会不管不顾买到手。信用卡有句广告词是"花明天的钱圆今天的梦"，结果他不仅把今天的钱花了，明天、后天的钱也花干净了，哪怕这个月要喝西北风也得满足自己现时的虚荣心。我不是一概否定这样的做法，因为每个人都是从这个阶段走过来的，没有人天生就什么都懂。当他有一天开始辛苦经营自己的事业，知道每一分钱有多么来之不易时，自然就知道钱应该怎么花了。我从不会因为品牌买一件东西，我的准则一直是，买我真正喜欢的东西。

人不必有太多钱，但要可以舒舒服服地生活，这是我的金钱观。我从不要求自己能进入什么"十大富豪"之列，也不想有朝一日能登上福布斯榜。我的人生目标是希望能做一些既让我觉得舒服又能回馈社会的事情。

午休是个技术活

多数国家的午休时间都是一个小时，但国内不一样，很多地方都会专门安排两个小时的午休时间。不管是老板还是员工，大部分人都会找个地方睡一觉。可下午 2 点多醒来，很难提起精神，需要重复一遍早上八九点刚上班的发呆感觉。一天里发两次呆，还剩多少时间做事呢？

有的人可能确实需要午休，放松一下大脑，提高头脑灵敏度，减缓心率，保护心脏，那么，20 分钟到半个小时是最适宜的。有的人可能没有午休的习惯，中午想睡也睡不着，于是就拿着手机躺在那里刷朋友圈、刷微博、刷 Facebook。这类人你让他看书学习他可能连半个小时都看不进去，刷手机却能刷一中午，如果不是还要上班，他刷一天都没有问题。但刷手机完全是在浪费生命，对人生根本起不到任何促进作用。

那两个小时的午休时间该如何安排呢？其实可以做很多事情，看书学习、简单整理客户资料、推送产品信息等都是不错的选择。总之，选择让你能有所收获、精力充沛地迎接业务挑战的事情；再不济还可以处理一下私人事务，也总比你刷手机要有意义。

老板的眼界和格局

最近，我们到一个做水晶灯具配件的门市谈生意，那是一次我从未经历过、至今也无法理解的体验。

那天我们是午饭后过去的，到达他们的门市已经快两点了。说明来意后，一个穿着随意居家、素面朝天、自称老板娘的女士带我们进了老板办公室。办公室里，店老板正背对着我们窝在沙发里，把脚跷在旁边的柜子上睡觉。老板娘看了一眼，脸色平静地直接坐在他身边，就开始跟我们谈合作。那天，我们谈了一个小时左右，老板就一直跷着脚睡了一个小时。老板娘有不知道的问题偶尔问他一声，他回答两句话后又继续睡，全程都没有看过我们一眼。

这种事情说出来就好像笑话、段子一样，当时我们也觉得实在不可思议。既然开门做生意，不管有没有人，你都不应该在门市睡觉，何况有客户进来跟你谈生意！"钱包"自己走进来了，你不是应该马上起来接待吗？竟然可以冷漠地从头睡到尾，完全无视客户的存在，实在是令人无语。这个老板的做法就是典型的自取失败，毫无主动销售可言。他甚至看也不看我们一眼，心里可能还盼着我们快点离开，不要打扰他的好梦。

你是老板就可以旁若无人地在接待客户的场所睡觉吗？还把脚跷到最高，好像生怕别人不知道你是老大一样。你能这样对待客户，平日里怎么对待员工也就可想而知，肯定不可能做到平等和尊重。所以，这样的企业根本谈不上什么文化形象、专业作风，这样的团队也不会有什么向心力、凝聚力，留住员工的手段除了加薪之外，毫无人格魅力可言。他们能做的所谓业务，不用想也知道都是些好企业不愿做的残羹剩饭，就像非洲草原上狮子、老虎饱餐后留给徘徊在周围的鬣狗的零碎尸骨，油水不大。

存在类似情况的企业不在少数，而且这种企业里发生这种事情也不是个别员工。这样的老板一般都是白手起家，碰到机遇幸运地小赚了一笔，有了那么一点点小钱、一点点小资本。公司有一两个业务员、几个小男孩给他打工，帮他搬搬这个、做做那个，只能赚一些蝇头小利。他们没有做生意的智慧，眼界和格局也有很大的局限，但他们感觉自己已经成功了，很厉害，眼睛长到了头顶，坐井观天，专业素养不可能再有很大的进步。而他们的企业也不可能再有很大的发展，被淘汰出局是早晚的事。

我欣赏他白手起家的创业过程,能够取得这些成绩想来也很不容易。但是,他的个人素质没有随着生意规模的扩大和市场的延展而进步和提升,这成了企业发展的最大短板。

两种老板,两个极端

生意中最常见的老板分两种类型,就像南极和北极一样,是两个极端:一种是善于对货不善于对人,一种是善于对人却不善于对货。

之前跟我们合作的一个工厂老板就是第一种。他是学设计出身的,对产品比较用心,提供的货源都挑不出毛病,能让人眼前一亮。但是,他在与买家沟通方面非常欠缺,他的工厂就是老板不会说话、业务员不会销售的那种类型。我每次跟他们交谈,到最后都会变成"男一号",说话最多,连他们应主动安排的各种细节如怎么收款、怎么发货都需要我主动询问,好像买与卖都是我一个人的事情,与他们没有任何关系一样。只是因为他们的产品质量有保证,我们的合作还能维持下去。

后来,另一个厂家开始与我们合作。巧的是,这个厂家的老板与上面所说的老板恰恰是相反风格,很善于与买家交流沟通,但对自己的产品不怎么上心。我们最开始只是认识,没有生意往来。但他是个热心人,只要听说我回国了,都会盛情邀请我跟他出去吃饭喝酒,逢年过节还会送礼物给我。有一次在一起吃饭时我接了一个电话,那边找我要一些特定型号的灯,我就顺嘴直接问了他一句,他说有货,与他的合作就这样开始了。但每次交易,他提供的产品在质量上都很勉强,我对他的信任自然就慢慢降下去了。

两种老板,两种做生意的模式,没有孰是孰非,没有绝对的最好方式,我在后面还会做详细分析。

资金链和朋友圈

做生意,说白了就是赚钱。"商人没有所谓景气不景气。无论情况如何,非赚钱不可。"怎样在有限的条件下赚到更多的钱,关键有两点,一是敢冒风险,二是想办法提升资金的流速和流量,并维持在一定水平。

如果你现在正巧有一个小生意,那我们就来算笔账。

这里我们先跳过前期第一笔进货的投入,单纯谈经营。首先,我们肯定要租一个店面,这部分就先做 1 万元的预算;其次,我们需要人工,不大规模的店面,一般需要 3 个员工,每个人月工资 5000 元,一个月预算就是 15000 元;再次,还有一些零七碎八的杂费,姑且就算 5000 元,这样算下来,这个店一个月最少要赚 3 万元才能达到收支平衡。

好了,假如你第一个月就卖得不错,挣了 4 万块钱,那你就有了 1 万的盈利。接下来第二个月你可能卖到 45000 元,有了 15000 元的盈利,两个月总共赚了 25000 元。看起来似乎还不错,利润在不断上升。这时你就想逛街购物,买件衣服吃顿饭犒劳一下自己,或者发现了一个好项目就把这点钱投了进去,心想反正下个月还会挣这么多钱。

但是,假如第三个月政府突然给你发了税单,你别无选择,只能先交这笔税钱。这种突发情况一下子就打乱了你的财务计划，因为这可能意味着你第三个月甚至第四个月的盈利都搭进去了。这时，你的第一批货也差不多卖完了，需要进货了。

没钱进货怎么办？

盈利因为各种各样的投资项目和意外基本等于零，积蓄也已经在生意起步时一股脑儿地投进去了：第一批货、店铺装修、前几个月的租金，这些几乎让你弹尽粮绝。

接着，我们假设第五个月的第一天你做了一笔一千块钱的生意，那摆在你面前的就剩下一个选择——在当地拿货。因为你没有本钱，达不到批发量，无法拿到便宜的货，结果，就形成了拆了东墙补西墙的恶性循环：今天买几个作为明天的备货，明天再买几个作为后天的备货，随买随卖。

同时，由于不能拿到便宜的货，你的零售价格不得不相应提高。但我们都知道，在市场竞争异常激烈的今天，要击败竞争者、做出大销量，就必须要保证价格维持在一个合理或者合理以下的水平，所以提高价格最直接的结果就是销量大幅减少，本来每个月可以卖 300 多件，现在连 30 件都卖不到。

可你别无他选，如果因为连 30 件都卖不到你就选择不卖了，你失去的就不仅仅是一单生意，还意味着你失去了顾客、失去了老顾客介绍给你的新顾客、失去了继续翻单的顾客，也失去了机会。但这样熬下去也撑不了多久，因为你每个月的开销还是 3 万，销量却锐减了 80%。如果最后还没有一笔资金入账让你周转，让你大量进货，你早晚会扛不住，那你就只能关门大吉了。

我们每天都能看到各行各业成百上千的企业和商家如秋风扫落叶般纷纷倒下，归根结底，发生这些问题的根本原因是资金链不够、后台不够、储备金不够。特别是小生意，多是夫妻俩或一家人合开的，他们赚回来的钱哪儿去了，有时可能连他们自己也不清楚，有些人甚至会把店里赚到的钱与家里的开销混在一起。

做批发之前，我也做过零售，这种死局我一样碰到过。万幸的是，我选择了放手一搏，幸运地逃过了一劫。

记得那是2011年，不知道什么原因，我莫名其妙地陷入了这种被动的境地，开销不够、进货不够、缺乏周转资金……在一筹莫展有些绝望的时候，我突然想到，再过三个多月就是圣诞节了！在北美，圣诞节是全年最重要的节日，那时家家户户最不可或缺的东西就是灯了。如果能搭上这艘大船，没准所有的问题都能迎刃而解。这个想法让我立刻激动起来。可商机发现了，我还面临一个最大的问题——没有钱。那时，我连店里的日常花销都难以负担，又能到哪儿筹这么多钱呢？可如果放弃了这次机会，几乎就等于放弃了唯一翻身的可能，我不甘心。

思考了很久，纠结了很久，我还是决定放手一搏。

我到银行把我手里的三张信用卡都刷爆了，拿到了大约3万多加币的现金。那时，这三张信用卡就是我的全部了。我拿着这些钱去进货，可也只够买一小柜货，大概400个左右。我看着这押上全部身家性命的一小柜货，忐忑不已，计划着两个月之内把它们卖完。结果，我的预料没有错，灯市大火，搭着这艘顺风船，这些货两周左右就卖完了。这意味着什么？意味着我不仅还清了全部债务，甚至还有了盈利！

于是我把这一笔钱变成了两批货，两批货又变成了很多批货，最后这些货又变成了房产，大大小小不同的房产，我的生意也开始走上了轨道，越来越顺利，越来越好。

听起来这个过程似乎很容易，但个中辛苦也只有自己明白。尤其是刷爆信用卡去进货时，我完全是抱着拼一把的冒险心态：不成功便成仁！

"我们说的'危机'是指，危险中才会有机会。当所有人都在撤退，我们反而要像抗战胜利时一样，迅速占领地盘。"

当然，做生意肯定有盈有亏，不管你做多大多小的生意，都会赚钱，也会亏本。其实，当时我那样做也算是一种赌博了，赌博的赌基本上都是输，而我的做法更偏向于搏，仅凭着初步积累的粗浅经验和对市场的一知半解，就将自己所有的底牌和盘托出。但如果不搏这么一把，不冒一次险，我就永远没有机会翻身了。我不像上市公司，可以组建一个30人的团队来做一个可行性报告，我能依靠的只有自己的推断，看往年的销售情况，分析其中的各种因素，不放过每一个细节。

2011年的那段时间是我最难过的一段日子，等到2012年9月我做了这个决定后，就完全改变了被动的局面。以后的情况一直很好，越来越好。直到2015年，竞争开始越来越大，很多人大打价格战，他们随便进一两百个质量如同垃圾一样的灯，就敢开一家小店，还开在你的附近，卖得比你便宜。

短时间内我确实无计可施，毫无招架之力。我虽然明白没有实力的人是站不住脚的，迟早要"完蛋"，但问题的关键在于需要足够的储备金才能撑过这段时间。就像刚才举的例子，你赚了10万元打算做投资，把9万元投进去，留1万做流动资金，这是远远不够的，一旦出了什么意外，你熬不了多久，尤其是没有生意的时候，更熬不了多久。最少要保证有6—8个月的盈利作为储备金，你才能在发生意外时保证公司的正常运营。

撑过这一段最令人煎熬的时间，就可以寻找新产品、新机会了。

小到一个家庭，大到一个上市公司，财务原理是一样的。想一下，自己家里是不是也经常会收到额外的账单，突然冒出一笔计划外的花费？一天，你咬了咬牙买了一件外套，觉得家里的经济情况可以承受，谁知男友也超出计划买了一个玩具，信用卡一下就爆了，就要想办法填这个窟窿。

我曾经有一个合作伙伴，是公司的元老之一。他比我年轻很多，一直想出去独立做一番事业。当他真的开始自己创业时，很多从没经历过的问题一个接一个地冒了出来。多年来,他在我的公司里一直负责销售一线的事务,对后方的情况不是很了解,海关、售后等各种各样预料不到的开销让他举步维艰。又因为他为了证明自己的能力早早甩开了我,我也无法帮他一把。

除了充足的资金链,你还要拥有尽可能大的朋友圈,因为这些朋友能在你资金链出现问题时帮你大忙。比如,从一个朋友的工厂拿货,你可以跟他沟通先拿货,晚一点再交货款,给你一个期限,这样你也就能顺利渡过难关。总之,要想尽各种办法从困境中脱身,千万不要轻易放弃,任公司破产倒闭。每个人都有能力将生意经营得很漂亮,关键就在于经营的心态。生意就像人生,一定会有起有落,不可能永远一帆风顺,没有波折就不是完整的人生。

所以,要想企业能长久稳定地发展,资金链就一定要盘活,朋友圈就一定要大。"多个朋友多条路",这些道理相信每个人都听说过,也确实简单朴素,简单到很多人都会忽视,甚至不相信就这么简单。

收钱法则

多年的经营经验告诉我,如果确定要收回一笔货款,那请记住,今天收永远比明天收好,一起收永远比分开收好,这是我的回款法则。

简单地说就是,我宁可今天收回10000元,也不想等到下个月收回12000元。

我们来做一道简单的算术题。假如我从一个月的第一天开始,每天给你10块钱,今天给你10块钱,明天给你10块钱,后天再给你10块钱,这样连续给你30天,那一个月你能有多少钱呢?很多人可能不屑一顾,太简单了吧?不就是300块钱吗?其实,远比你想得复杂。

每天给你10块钱,你的花销如果按一天7元计算,一个月就是210

元。简单算下来，你一个月几乎所剩无几。可如果我在 1 号把 300 元钱一次直接全给你，你第一天花销 7 元，手里还剩 293 元。你知道未来几天自己要生活，就留下几十元用作日常花费，剩下的 250 元钱就可以当作本金做点什么。这时，刚好有一个两三天的小生意，你就把这些钱投了进去。这 300 元钱做投资，一个月就能赚到 500 元。这样，这 250 元钱就不仅能满足你每天的花销，还可以作为投资为你赢利。

一起收回一笔钱总比分开收回有用。上面提到的 300 元钱你也许不能很直观地感受到，但你若把这个数字不断加大，变成几万、几十万，马上就能感受到其中的区别。这就是我想说的，我宁可今天你下单搞定，我收你 10 万元钱，也不想下个月收你 15 万，因为我知道，在未来的 30 天里，我肯定有能力用这 10 万元钱赚回 15 万，也许是 25 万，也许是 30 万。

资金流动：要快

货就是钱，钱只有流动才能创造利润，即使利润薄点，只要流动快，照样能赚大钱。

说到这里，我有一个成功的案例可以分享。

从开始做灯，我一直稳定地购进一款型号为 T101 的灯，成本是 200 块钱。刚开始销售时的标价是 800 块钱，听起来好像挺好，卖出去一个就赚 600 块钱，是进价的 3 倍。一个月卖掉 5 个，轻轻松松就能赚到 3000 块钱！

我最初因此还得意了一阵子，这款灯的销量也一直维持在这个水平上半温不火。后来，我开始慢慢体会到了一个道理，就是不要只盯着单件商品的利润，有时候定价低点，利润薄些，销量就上来了。现在，T101 这款灯我还在卖，但是，我所有门市的标价都不超过 400 元，听起来标价降了一半，利润减少了三分之二，很夸张是不是？大家也都以为我是在赔本赚吆喝，但现在这款灯的月销量最少达到20套，最多甚至能达到30多套。因为便宜，销量上去了，购买它的人越来越多，这款灯变成了畅销品。

好了，现在算一下账，一套灯的利润是200块钱，20套是4000块钱，30套是6000块钱。可以看出来，我降价后反而赚得更多了。看到这里你也许会说，这不就是我们常说的"薄利多销"吗？没错。可是，越是人人都知道的简单道理，越容易被忽略甚至忘记。人都是贪心的，很少有人愿意舍弃眼前的利益。这些人只会抱怨，赚那么少，日常开销都不够。可生意做得越大的老板，越明白这个道理，如连锁企业沃尔玛。

山姆·沃尔顿建立沃尔玛之初就定下了薄利多销的策略，极大地改变了美国零售业的运作方式，从而大获成功："差不多从一开始，我们的目标就是薄利多销，想方设法运用我们的力量与供应商打交道，以期能够向顾客提供最优质的商品。现在这一行里还有不少人仍然想方设法提高商品售价，不管不顾现有情况，他们的想法就是错的。我要告诉你，那些不为顾客着想、不关注顾客利益的公司，早晚会垮台的——要是他们现在还在的话。那些贪心不足的家伙注定会被淘汰。"

如果每一样货品都能以赚最少的钱做到最大的量为目标，就是我一直追求的共赢生意模式的最好诠释。

当然，多销也需要很多技巧。你以为卖掉30套灯很容易吗？你以为只要价格低客户就会莫名其妙如潮水般涌进来购买吗？其实非常不容易。不仅是你想做量，供应商也想做量，大家都想做量，可真正非常成功的少之又少。成功不能仅靠价格，还要靠业务员、靠具体的操作、靠恰当的应对，总之，是要靠公司的整体素质和营销功夫。

大街上、卖场里，随时随地能看到卖家买几赠几的促销活动，这就是一种走量的常规手段，也是非常有效的招数。灯具这个行业有所不同，顾客是需要几个就买几个，你再多送一个就等于画蛇添足了。所以，灯具这种行业要想走量，就只能在价格上做文章，如可以做买几个灯打几折的类似活动。具体手段多种多样，要具体问题具体分析，针对不同的情况找到最佳的方式。

客户要的都是后面的这些功夫，要准备充足才能戳到他们的痛点，达到他们的要求。但只要做到了，摸到其中的脉门，以后不管什么产品，就都可以用这个套路了。利润会一直不停地上涨，销量会越来越多，标价就还可以继续降下来，400元变380元、变360元……只要销量保持上升，就可以一直降下去。

批发跟做工程一样，都不希望周期变长，宁愿卖得便宜一些也希望能马上收到钱，能够逃避开周期是最好的。这就是上面所说的早收钱比晚收钱要好。你现在要小便宜就给你，对双方都好。

而且，没有人只卖一款灯，销量提升了，利润上去了，货品的款式种类也会越来越多。原本你的钱只够买一套，现在你有足够的钱可以多买几套。你的朋友、亲戚、朋友的朋友、朋友的亲戚看到你的货品非常便宜，都会争相来买。他们还会口口相传，像活广告一样。你的销量会越做越大，赚得也会越来越多。同时，你的销量上去后，进货价格也会跟着降低。比如，我从工厂一次拿10套灯，每套需要200块钱；当我一次拿50多套时，进价就变成了150块钱。所以，做大销量无论是对我还是对工厂，抑或是对顾客来说，都是共赢。

当然，零售也好，批发也好，我们毕竟不是沃尔玛，一个单店不会出现大家排队购买的场面，但也要设定一个目标，视情况拿出一定比例的产品搞些促销活动。

另外，虽然说人流量越大的地方，销量越容易做出来，但同样的，人流量大的地方竞争也更激烈。商家跟顾客一样喜欢扎堆，同类货品聚集在一起了，价格战就打得更激烈、更紧张。所以，还是回到我们前面说的，降价要有销售技巧配合，没有技巧，不要说20套、30套了，1套都不一定卖得出去。这个环节搞不定，后边的所有事情就压根不会发生。

现在的很多行业都不太在意前期的准备工作，只是一味地打价格战。看到别人降价我也跟着降价，于是进入一个恶性循环，这属于特别不健康的竞争关系。

做生意就是如此，同样的条件我一定会选择合作愉快的人。但不管我多么喜欢你，我都会选择能给出更低价格的人合作，除非你有办法让我相信你的货品不一样，比别人的货品更有优势。不是说一定要比别人的好，而是你要有足够的理由说服我相信，让我心甘情愿地掏钱。怎样表达才能达到这种效果，就要看你的销售功夫了。

合作共赢，平等交易

认真说起来，现在很多公司根本没有真正的企业文化。一些商家只不过是把押韵的句子放在一起，旁人看起来冠冕堂皇，听上去动听顺耳，实际上空洞无物。相信大部分人都认同这个事实。说白了，那不过是两句好听的话，大家一起用来喊喊，绝对成不了真正的企业目标，更没有可能成为企业文化。文化是严肃的字眼，绝不是谁都能脱口而出的消费品。

李楠说过："企业里员工的习惯已经是定型的了，而习惯又造成了惯性思维，所以很多企业不是没有文化，而是没有好的文化，或者没有CEO理想状态下的文化。"

真正的企业文化是需要长篇大论的话题，因为每个公司都有他们独一无二的理念和运作方式。我们公司从成立之初一步一步走到现在，无论是做零售还是批发，始终保持一个信念，就是"共赢"。首先，共赢对我们自己来说，肯定是要赚钱，还要利润可观，这也是所有企业的第一目标。其次，我希望每一个跟我们合作的人、工厂、用户、同事、伙伴，都能做到长远发展、互惠互利。我还特别希望各国买家用过我们中国的产品后,对中国的看法能有所改观,能感受到中国人是值得信赖的,能平等地与中国人做生意。

现在,外国人看到我们的设计、品位后,总觉得我们的产品落后还爱抄袭。的确,这方面我们是有些欠缺。比如灯具这个行业,每年各国都会举办很多展会,包括欧洲的米兰展、法兰克福展等,总能看到很多中国厂家竞相奔波于各大展会之间。有些厂家确实是去做生意的,也有一些就是去拍样式用来回国抄袭的。不到两个月,"米兰展新款"、"法兰克福展新款"准保就能出现在市面上。其实,除了灯具,很多行业都有抄袭的现象。抄袭出来的产品不仅款式能做到一模一样,价格也极具吸引力,很有市场。抄袭实际上就是侵权,虽然短时间内无法避免,但我希望有更多的企业可以独立创新,花更多的心思在设计上,拥有自己的设计品牌。

其实,灯的概念非常广泛,凡是能照明的都算是灯。有的灯款式简单,但很明亮、实用,有的灯设计感强,但主要起装饰作用,并不能满足生活需要,实用性差。这跟衣服类似,有的衣服很漂亮可能并不保暖,而有些衣服可能不是很好看,但穿上非常暖和。我们一直追求的是能最大程度地将实用性和新颖性两个元素结合在一起,给客户最好的体验。

有了实用性和款式要兼顾的理念后,我们就要在买货、进货方面下大功夫。不同地方放的灯不一样,不同国家适合的灯也不一样,除了文化背景的差异,客观原因如屋顶的高度也决定了各国需求的差异。我们有自己的零售和批发经销商,与很多做设计的人合作,还与做工程、装修的接触,所以我们会大致估计一下明年需要的款式,让各方面跟我们配合。这样,既可以让用户买到实用的东西,同时也不会有落后的感觉,可以跟世界那些一线城市接轨。说到底,我们希望顾客买到我们的东西能感觉满意,觉得实用、漂亮、有品位,看到这个灯就开心。

中国是我的祖国,我觉得中国人完全可以把自己的文化推向全球,借鉴国际的标准,提升自己的素质和信心,建立自己的商业文化。多少年来,外国人到中国都会表现得高高在上,而我们因为能力不足,自信心不够,在自己的地盘上面对外国人都会胆怯。所有的城市都存在这样的现象。可是,现在中国正在走向强大,全世界都在购买中国制造的商品,一些名牌产品都是中国制作出来的。我们普通人也好,销售也好,都要提振信心,用平等的心态参与国际商业活动。

平时,我经常做演讲、做访问、教英语,但从来不是抱着炫耀的心态,而是抱着分享的心态。比如,我在加拿大演讲,听众一般都是新移民,我仅仅想把自己的经验分享给他们,帮助他们尽快融入这个不同文化的社会。我是销售出身,常常看到国内销售的那种低姿态以及买卖双方的摩擦和矛盾,特别是一些外国买家没有给国内销售应有的尊重,所以我才跑去英语学校教英语。我不是简单地教英语,而是要在教英语的过程中与他们分享一些课本之外的东西,帮助他们懂得外国人的心理,知道怎么赢得外国人的尊重,能在以后的工作中与外国人平等交流和交易。

抢市场，抢客户

与企业文化一样，我觉得"原则"也是很严肃的字眼。多年来，我在生意场摸爬滚打，总的说来，最大的原则就是没有原则。面对竞争对手，没有退路，就是要想方设法、尽最大努力把客户从他们手里抢过来。无论是技巧、价格还是质量，虽然不见得每个方面都要远远地甩开他们，但只要保证能比他们好一点，我们就赢定了。客户提出的要求要尽可能答应，答应后还要尽全力做到，客户就是这样抢来的。

"在剧烈的竞争当中多付出一点，便可多赢一点。就像参加奥运会一样，你看一、二、三名，跑第一的往往只是快了那么一点点。"

一般情况下，只要客户有需要我基本都会答应，都会尽量去做，做不做得到我都会答应，我从不会直接地告诉对方我做不到。答应后就想方设法尽量做到，最后，如果真的不行，还可以与客户协商，可以各方面配合，在力所能及的范围做到最好。

我的底线也是我唯一所谓的原则就是，我绝对不做违背良心和卑躬屈膝的事。买家如果提出过分或奇怪的要求，如之前提到的发短信要求女同事去酒店商谈，这种罔顾做人基本底线的事，我会坚决拒绝。而且，对这个人和他的订货我不会再有兴趣。我不屑于跟这种人打交道。

尽管你经营着一个大公司、做着大生意，利润非常大，对钱的需要不会很迫切，可你永远需要客户。我们可以把产品包装得美轮美奂，把口号喊得特别押韵，把企业形象打造得特别高大上，但大部分公司都在做着实质上是抢客户的事情，很少有什么顶尖的创新，能吸引客户主动求上门来。除了规模超级大、超级有钱，已经形成了成熟的经营体系的那种公司，可能真的会有一些独特的理念和成果，比如说能改变一代人的命运，改变整个80后、90后的生活方式，改变无数人的社会概念，这种公司最多属于万分之一的比例。多数公司没有什么自己的创新，完全不想、不能也不敢去搞什么创新。看到别人把市场的路子铺好了，市场需求大到谁都看得见了，才开始想着法子抢市场、抢客户，很少给自己定下真正的做事原则。

那就做得比别人好一点吧！

准备好失败，就去做吧！

创业是一件特别复杂、特别艰难的事情。这么多年奋斗在一线，我有多少个怀疑自己的瞬间已经数不清了，但如果可以重来一次，我依然会毫不犹豫地选择创业这条路。正是创业的经历让我找到了真正的自己，找到了真正的人生。所以，年轻人，如果你已经下定决心，做好了准备，那就去做吧！没有什么是比拼搏更能让青春焕发光彩的了！

"马云做阿里巴巴是他的第五个公司，前四个都失败了。当年他拉着'十八罗汉'宣布做阿里巴巴的时候，很多人并不情愿掏钱入股。但马云很放松，他坚信阿里巴巴必然成为世界级的大公司，因为马云有输了可以再来的心态。

"创业者要搞清楚，创业的激情跟钻牛角尖是两个不同的概念。所以没有输了再来的心态是不行的，不要祈求创业一次成功，一次成功通常做不到，做到了就是个小公司。我就是创业一次成功的，新东方现在市值才100亿美元，阿里巴巴现在市值2000亿美金。所以创业者不用怕第一次创业不成功，虽然失败过，但是后面赢得更大。"

不过，不要高兴得太早了，不要看到这里头脑一热就放下书去创业了。你要清楚，成功不是仅凭雄心壮志就可以达到的，你必须抱着从失败中发现成功元素的心态，慢慢地向前努力，不屈不挠，不断经历失败，才会有成功的结果。你可能付出很多努力和时间，但并不代表你一定会成功，成功很大程度上取决于机遇、运气等偶然因素。所以，你先要能够接受自己的失败，能够有好的心理素质，再开始创业吧。

看到这里，如果你真的觉得自己准备好了，就可以踏出你的第一步。我说的第一步，是可以开始做了。首先你要不停地接触行业的新事物，多做各种市场调查，多跟一些前辈聊天，向他们取经，还要收集很多资料，再去试水。然后你要根据自己的能力，量力而行。因为所有的生意都不会一开始就能赚钱，那段时间你还要吃饭、还要生活，还有各种开销，所以你要有基本资本，才能开始尝试。

你可能常常碰到这种情况：身边的朋友突然提议要你跟他一起做一个项目，说他已经考察好了，做好了调查，你跟着他做就可以了。结果亏本关张，你和朋友疑惑不解，为什么没有成功？

其实那些所谓的调查，很多都是根据他自己想得到的结果去判断的，那些调查、那些想法根本不全面，基本不能作为依据。比如我现在跟你说，咱们在中山的灯镇——古镇开一间服装店吧，可以赚大钱，因为这里全是卖灯的，没有人卖衣服，生意应该很好。然后我们就凭着自己一厢情愿的想法开始做了。结果你发现，有两万个与你想法不同的情况出现了，比如老板要到大城市的大店铺买衣服，他们在这里忙到无暇逛街买衣服，除非是陪着"小三"逛。但"小三"也不愿意在这里买衣服，她要去北京、上海、深圳这些大城市……这就是现实，也是现在年轻人创业最容易碰到的问题。所谓创业考察全是自己臆想出来的，没有足够的知识做后盾。

马云也曾谈论过创业时机的问题："二十岁以前，你要做一名好学生。想要成为一名企业家，那就要广集经验。在三十岁以前要做一名追随者，小公司更适合你。因为一般来讲，大公司学到的都是怎么具体处理一件事，就好比我们自己是一台机器，在那你学到的就是如何加工产品。而进入一个小公司，你能学到的是对一份事业的热爱和梦想，从而能学会一专多能。所以在三十岁以前，别太纠结于去哪个好公司，而是看去追随哪个好老板。这才是十分重要的，因为跟随了一个优秀的领导，就能获得非同寻常的启迪。到了三四十岁，你就得清楚地意识到，你是在为自己工作；如果你真的要成为一个企业家的话，到了四五十岁，你所做的一切事情都必须是你擅长的，不要试图跳到别的领域去，这会儿已经太迟了。虽然你也许会因此有所成就，但失败的概率也很大，所以你到了四五十岁时，应该仔细思考，如何将精力放在自己所擅长的事情上。到了五六十岁时，你就要为年轻人而努力了，因为他们与现在的你比起来，能把事情做得更好，所以，你要尽可能地信赖他们，往他们身上投资，以他们为重；到了六十岁，你就可以在自己身上花时间了：躺在沙滩上，来个日光浴什么的；一般来说，到了这个岁数，任何改变都太晚且没有必要了。"

我觉得整个社会就是靠新鲜血液推动的，没有年轻人，生意永远靠一个老板、一个领导去拉动，就等于一直在退步。只有凭借年轻人的力量，公司才能进步。所以，我非常支持年轻人创业。

如果你已经二十多岁了，就放下一切顾虑，尽情地去犯错吧。跌倒了，爬起来；再跌倒，就再爬起来。你还年轻，失败也是财富，尽情地尝试吧，这才是你应有的人生态度！

员工如是说之一：我们的好老板

黄文娟

Andy是一个非常好的人，也是一个非常好的老板。与许多老板不一样的是，他愿意先付出、先给予，然后再慢慢等待"收成"。2017年是我们国内公司起步的第一年，规模不大，利润也不高，可是他的心态特别好，特别乐观。加拿大那边的公司业绩好了，还会给国内的员工发奖金。他说，生意刚起步，公司是一定要先付出的，不能急躁也不要气馁。这句话就像一颗定心丸，让我无比安心。

Andy就像我们的良师益友，他的观念总会在不经意间潜移默化地影响我们，带给我们不一样的收获。在我们以前的认知里，客户就是上帝，需要我们无条件地迁就，要请他们吃饭，带他们玩，提供一条龙服务。而Andy告诉我们，大家都是平等的，一起吃饭，这一顿我做东，下一顿就要对方埋单；若对方先"请"，下一顿我们就要"请"回来。大家有来有往，才能在平等的基础上交易和相处。

我从没见过像他这样的老板，完全没有老板的架子，从不会故作姿态地以命令式的口吻对我们说话。大部分老板，包括我上一份工作的老板，都会抱着"我是老板，我们就是上下级的关系，

一切都要以我为中心"的想法。他们虽然会认可你的能力，但防备心很重，交给你的事总是不放心。Andy 恰恰相反，他尊重我们，给予我们充分的信任和自由度；我们自我怀疑的时候他还会给我们鼓劲，告诉我们一定能成，给我们提供中肯的建议。

平时总会看到一些入行较早的前辈不自觉地表现出优越感，对后辈缺乏尊重。有的时候后辈犯一点小错，他们不肯真诚地指点，而是围观嘲讽，一点也记不起自己刚入行时所经历的一切。而 Andy 完全不会这样。

现在很多年轻人都很浮躁，觉得自己特别牛，什么都懂。做出一点成绩就觉得自己特别厉害，需要表扬；做错了事情都是别人的问题，自己没有错。Andy 为我们敲响了警钟，告诉我们人外有人，天外有天。他带着我们增长见识，四处经历，让我们切实明白需要学习的东西还太多太多，他告诉我们要不停地学习。很多东西他说自己也不会，其实他都会，像吉他、跳舞什么的，但是他跟我们说他都不会，会跟着我们一起学习。他的这种虚心态度，触动了我们很多次。

他平时做事很认真，但是玩的时候就很放得开。

他对身边的每一个人都很好，真的是用心与我们相处。只要是他认可的人，无论你加入时间长短，暂时有没有业绩，他都会认真地对待你。过节日或者谁过生日，他都会给大家买礼物，细节方面安排得滴水不漏。我有时手头事情多，忙不过来，甚至连客户都顾不过来，更不要说照顾小细节了。我无法想象，Andy 在加拿大生意也很忙，事情也很多，有时候我们下午联系他，加拿大是凌晨三四点，但他还在工作。他对员工能做到事无巨细的关照，不知付出了多少心血。我是打心眼里佩服他，他身上有太多太多的东西需要我学习。

前段时间流感很厉害，我女儿连着一个星期都在发烧。Andy 听说后马上说："我女儿一直在吃 VC 和鱼肝油，对提高抵抗力很有效，下次我给你带两瓶回来。"平时，别人送他礼物他都懒得千里迢迢带回去，可他却愿意从加拿大千里迢迢给我女儿带两瓶药回来，这样的老板真的很贴心。

他的性格特别随和，几乎从不发火。不管员工犯什么错，他也从不发脾气，更不会破口大骂。他说，发火解决不了任何问题。他语言表达能力特别强，如果你做得不好，就会直接给你指出来，有时还会开玩笑地说出来让你自己体会。我们一位同事经常上班迟到，都成了老毛病，各种手段我们也都试过，他更是把想得到的、想不到的迟到理由都用遍了，有一天，他上班又迟到了一个半钟头，正巧赶上 Andy 回国。Andy 问他为什么迟到，他又随便扯了一个理由。Andy 就开玩笑般地反问他："你是在用这种理由来考验我的智商吗？"我听到这句话觉得很有意思，笑着并使用反问语气，首先不会像直接骂他一样让他当众下不来台，继而心里暗生抵触，以后会变本加厉；其次，这种柔和的反问反而让他很不好意思，促进他主动反省。一般人都是遭受难堪后才会深刻反省。最后，这种看似轻松实则严厉的反问，也会在不经意间树立自己的威信，赢得员工的尊重。我觉得自己的脾气也够好了，但缺乏 Andy 的那种威信。这一点特别值得我学习。一般人有能力控制住自己不生气、不发火，但要得到别人的尊重，有气场有威信，真的是很难得。而这确实是 Andy 的过人之处，也是我很佩服的能力。用这种幽默的方式来与人交往沟通，也是销售工作所需要的素养。

员工如是说之二：贴心的好朋友

阿 科

我和 Andy 相识始于一段很奇妙的缘分。当时我在一家饭店做销售，有一天他到那里吃饭，正巧看到了我。

他后来告诉我，第一眼看到我，他就觉得我很像年轻时的他，才会主动走过来跟我聊天。我们越聊越投缘，越聊越默契，可以说是一见如故。之后，我们常常约着一起出去坐坐，聊聊天，逐渐成了互相信任的朋友。接着他邀请我加入他的团队，跟他一起工作，我毫不犹豫地答应了。

我的英语不是很好，做外贸很吃亏，这是我一直顾虑的问题。Andy也十分清楚这一点，在我离职加入他的团队之前，他就帮我报了一对一的外教班，还直接给我交了学费。这让我很受触动，也特别感动。

Andy在生活上非常细心，很会照顾自己的员工。他洞察力特别强，总能一眼看穿别人的情绪，了解对方最根本的需求。这也是他做销售的过人之处，他知道买家最需要什么，因而常常马到成功。

Andy于我是亦师亦友的存在，发现我哪些地方有问题，他都会直接指出，从不拐弯抹角。我能感受到他希望我成长进步的热切期盼。

能够成为他的朋友并与他共事，对我来说是非常幸运的事。我感谢当时的一面之缘，让我结识了这样一位值得一辈子深交的好朋友。

第三章
业务员的职责和修养

> 每一名销售员都应以自己的职业为骄傲，因为销售员推动了整个世界。如果我们不把货物从货架上和仓库里面运出来，整个社会系统的钟就要停摆了。
>
> ——乔·吉拉德

我爸常常对我说："你全身上下的可取之处就只有一张嘴。"那么，仅凭一张好嘴就能做好销售吗？肯定不行。做销售，语言的效果取决于脑子的快慢，最重要的是大脑里的"存货"，你若没经验、没阅历、没知识、没学问，是一个脑袋空空的"三无"销售，那么，不管你嘴巴多厉害，也不过是"忽悠"罢了。

其实，做销售最怕的就是妄想靠忽悠走上"人生巅峰"。要想实现双赢，互相尊重才是唯一途径。我们要永远抱着对方比自己聪明、比自己厉害的态度，再细心一点，再谦虚一点。一个入行不久的业务员，买家或合作伙伴的经验比你多是一定的，你用词可以谦卑圆润，说话可以婉转动听，但最好不要尝试在他们面前撒谎或者忽悠。就像爸妈经常说的，"你转一下眼珠我就知道你要干什么"。在比你有阅历的人面前撒谎，会让对方觉得你在侮辱他的智商。试想一下，如果一个八岁小男孩告诉你，昨天他家买了一架飞机，带他去了火星，你会是什么感受？

有时候，有些事你确实力有不逮，做不到或做不好，但确实不想失去这个客户。这时，你完全可以跟买家开诚布公，坦白地告诉他你暂时做不到，再告诉他可行的方案，这样反而能换来他的一份信心、一份信任。

总之，将交易放在忽悠的基础上，必定是"自掘坟墓"。

那么，究竟什么是销售？什么是业务员？怎样才能做一个合格的业务员呢？

业务员的角色与职责

业务员，要从众多客户中筛选出真正的买家，然后从买家的角度选出最适合他的产品，帮他成功买到最理想、最需要、最适合的东西，从而击败竞争对手。更直接、现实的说法就是，业务员要为公司开单赚钱，把买家的钱赚进口袋，同时还要让买家开心，并愿意介绍更多的客户给你。

其实，公司的业务活动不限于业务或销售人员的工作，可以说，公司的多数岗位都直接或间接地涉及或影响到公司的业务活动。如一个酒店，无论是保洁人员还是前台接待人员，都是酒店业务活动的一个环节。商业企业的每一个岗位实质上都是在为各种各样的产品做支撑，给主题业务活动做辅助。这个世界靠流通才能运转起来，所有的生意也要靠交易才能运转起来。没有销售，这个世界就没有商品的流通，你所看到的多数物品，都是因为有了销售的推动才会出现。

所以，业务员首先要花心思，你的思考越深刻，成交的概率就越大。这些心思就是我接下来要详细介绍的业务常用套路、台词准备，以及怎样揣摩客户心理的技巧、把握销售进程、摸清客户的需要，等等。

其次，要会卖先会买，就像要开车一定要先学会停车一样。我做买家的时候，非常留意自己的心理变化，如会关注些什么、会问什么问题，以及为什么会问这个问题；我也会留意自己的员工和助理在购买过程中会问什么问题，为什么会问？经过思考，我更懂得了怎样做一个好销售：好销售要先懂得买家的心理，先做一个好买家。

外在形象与人格魅力

人们总说"男人都是视觉动物"，都很肤浅。其实，谁都喜欢美的事物，不分男女老幼。在人与人的交往中，第一印象往往直接影响未来相互关系的好坏。第一印象不好，后面的交往就等于判了"死刑"，白费功夫。所以，业务员一定要"爱美"，不论是否要见客户，时时刻刻都要给自己敲敲警钟，注意自己的穿着打扮。

注意穿着既是尊重自己也是尊重他人的表现，是赢得好感、提升自信的不二法门。注意穿着不等于每天都穿正装或礼服，不用太夸张，只要能适应不同的场合，得体大方即可。按道理讲，如果我是你的买家，即使我穿着睡衣你也会热情地接待，不敢对我的衣着评头论足。但是，我不是为了讨好别人而刻意打扮的，我对自己的形象有要求，有自己的人生理念，不会无缘无故地降低要求，放弃理念。比如，我希望可以保持商务休闲（business casual）形象，这也是为了能让自己在商业环境中时刻保持状态和活力，与别人交往自然就会加分。

从穿着打扮上切入工作状态，这是业务员准备"登台"最基本、最简单也最行之有效的方法，算是"送分题"，就像在街上捡钱一样，不用下大功去就能做得很好。

很多时候，注意穿着可能仅仅就是多打一条领带、换上一条西裤、多涂几下口红的事情，一点也不复杂。网上不是有笑话说："出门倒垃圾也要好好化妆，因为你永远不知道什么时候就会遇上男神。"这话一点儿也不离谱，你永远不知道什么时候、在什么地方就会碰到你真正的客户。

就像追女孩,你不一定要约了女孩再开始打扮,你可以先打扮好,让自己时刻保持战斗状态。这样,即使在路上偶遇也可以随时邀约,不用赶紧低头绕路回去梳洗打扮,那一定来不及。

全国那么多工厂的业务员,很多都不明白这个最简单的道理,他们总爱穿一件破旧的工装来谈生意。有些人有时候也会精心打扮一番,自我感觉很不错,但买家一看就知道还是旧衣服。要知道,一件新衣服从拿到手的那一刻就在慢慢变旧,只是你因常穿察觉不到而已——就像你陪伴着孩子一天天长大,很难察觉到他的变化,直到别人遇见了,说"都长这么大了",你才会猛然发觉他确是成长了许多。我在多伦多、在美国、在欧洲的任何一个地方谈生意,永远也不会碰到穿着拖鞋、短裤的人。因为商业社会已经习惯了大方得体的穿着打扮,这不仅是人们爱美的自然体现,也是商业交往的必然要求,已经发展成了商业社会的道德原则和文化象征,或一个国家、一个民族文明进步的重要标志。除非你的举止谈吐让对方觉得你不靠谱,或你的产品质量差得太远,否则,他就不仅仅是在跟你做生意,不仅仅是要买你的产品,而是在"买"你这个人。

除电脑、英语、专业知识之外，假如要我为业务员确定第一要务的话，很简单，就是起床洗漱后要梳理头发，不穿乱七八糟的衣服，不要这里脏兮兮那里有味道。不管你业务有多厉害，做事有多靠谱，都需要长时间接触才会了解。我刚认识你的时候只能看到你的外表，如果你给人的第一印象就是乱七八糟，别人就不会有兴趣继续深入了解你，你就失去了机会。现实就是这么残酷。

我所说的得体与乱七八糟、美与丑，不仅是看外表打扮，不是说一定要你是个大美女、大帅哥，不是说让你成为关之琳、古天乐，而是希望你能从心里散发出魅力、散发出阳光。当然，长得好看肯定是加分项，但不够好看也没什么大不了的，起码你不要既不够好看又爱摆臭脸还不讲话，整天呆坐在那里好像跟客户有不共戴天之仇一样就行。你给予对方的笑容、眼神，要有亲和、热情的内涵，即便你不是超级大美人、大帅哥，我都会接受你，愿意与你交往处事。你若一露面就黑着脸只跟我谈数字、跟我谈生意，我就很难产生兴趣跟你谈下去，因为我知道，如果我跟你合作，就意味着以后要花很多时间面对你，产品都难免大大小小的问题，我必须找一个自己喜欢的、合得来的人，合作才能顺利进行下去。

所以，吸引人绝对不仅靠外表，还要靠人格魅力。

对客户你要说到做到，不管发生什么事情都要笑容满面。你的一个笑容，客户就能感受到你的热情。当然，热情不要过头成了讨好，专业不要过头成了冷漠，最重要的是真诚。有时候你可能做不到发自内心的真诚，但是，你装样子也要装出礼仪上的真诚。

多年来，我结识了很多好朋友，遍布世界各地。我爸很好奇，经常问我"凭什么"。我说完全凭个人魅力和一颗真心。有了真心，就很容易跟人打成一片。脑袋里有真东西才能发挥出来，不是早上洗个澡、梳个头就能"帅"起来的，真正的风度来自学问、谈吐、豁达等。现在很多男孩子都缺乏应有的风度，装出来的风度也只能昙花一现，两三天后就无影无踪了。有的人还勉强自己装一下，有的人觉得根本没必要，还有的人根本装都懒得装。

注意形象不仅是为了让别人赏心悦目，也是提高自信心的重要手段，实质上是一种自我激励。当你非常满意自己的穿着打扮时，心态自然就会变得从容自信，会不自觉地进入一种积极的状态，给自己一种随时应战的心理暗示。我相信，很多女孩子穿上新衣服化上一个美妆上街时，都会产生"我是全世界最美的女孩"的心理。

所以，"爱美"不仅能塑造外表，也能提升自信，让你由内而外散发人格的魅力。有人认为自己先天条件不够好，不是人见人爱的美女，非常自卑，甚至还要美容整形。割了双眼皮觉得下颌太宽，磨了下颌骨觉得脸太圆，又去垫下巴、隆鼻，最后整上了瘾，停不下来。当然，整容是每一个人的权利和自由，但我想说的是，每个人都有自己独特的魅力，都有自己独特的光彩。在与客户的交流中，怎么焕发自己的魅力，让对方眼前一亮，那才是最重要的。你的笑容、你的眼睛、你的举止、你的穿着，等等，都可以变成最有杀伤力的武器。

所以，我希望跟我合作的人都是"爱美"的、真正由内而外散发魅力的人。

让客户喜欢你

如果一个客户除了与你们工厂接触，还同时接触了很多家水平不相上下的工厂，那大家的产品从质量到价格，基本不会有太大差别。这时，大家的竞争可能就跟产品本身没有太大关系了，生意的成败基本就取决于业务员的沟通能力了。我们经常在电视剧里看到商家激烈竞争的故事情节，主人公做生意会使用很多"特别"的手段：宴请、送礼、投其所好几乎成了标配。这种情节可以说反映了社会现实。说到底，无论生意大小，客户一般是选择他喜欢的人合作。

当价格都相当的时候，我会选一个自己更喜欢的人。英语的说法最直接、最简单："I buy your idea, I like you."生意不分大小，无论你们的产品有多靠谱，只要买家与业务员谈下来，他不喜欢你，你怎么做都无济于事。他喜欢你，尽管你们公司的产品存在种种小缺陷，也会与你合作。他愿意相信你们可以改进完善，有的时候他甚至会主动告诉你该如何改进。

人与人之间的感觉和缘分历来不可言喻，跟你准备的一大堆文件、一大段说辞没有关系。买家喜欢你，可能仅仅是因为他看你顺眼，跟你合得来。一批货，他可以向小刘下单，可以向小张下单，也可以向小赵下单，但是在大家水平差不多的情况下，最终谁能争取到他呢？一定是那些不断努力拉近与他关系的人。

正如之前所说，外表和第一印象是第一加分项。不是说工厂的业务员一定要像生活在巴黎一样，眼光要达到巴黎时装展的水平，举止、谈吐要像社交明星。我是说，业务员一定要注意自己的外在形象。有的业务员可能长得很漂亮或很帅气，但是你的眼光在他们身上稍微停留一下，就会发现有的人口红选错了，有的人粉底涂厚了，有的人眉毛画粗了，有的人西裤配了一双登山靴。我说过，人都是感性的，一个买家一眼看过去，无论你是多厉害的业务员，他如果觉得你不顺眼，你就不知不觉地出局了，他可以找另一个看顺眼的跟他聊。

我作为买家对其中区别有着很深刻的体会。

一天，我带着助理到一个工厂谈合作，那个工厂派过来一个邋里邋遢的业务员，我怎么看都觉得别扭，跟他聊天怎么都提不起兴致，饭都不想吃，谈来谈去也没谈成。我就跟老板说，其实我是可以跟你下单的，但是你能不能换个业务员。他们换了一个业务员，我很顺利就下单了。销售一线第一个接触客户的人，所有的因素都是重要的，要让客户能够感受到他的热诚、真诚，以及把事情做好的愿望。

大客户也是如此,他看到你的第一眼,基本就决定了他会不会接受你。他信任你,就会把钱交给你。你的业务素质、真诚热情、亲和力,总之算个人魅力吧,其作用不可忽视。我说过,公司的每一个人都是在直接或间接地做销售,我所谓个人形象,不是说一定要你长得多么好看,不是说一定做个什么造型。外表仅仅是个人形象的一部分,更重要的是内在的很多东西也需要提升。

你可以通过不同的方式观察学习,充实自己,提高修养。社会在进步,你不能停在同一个地方,不然就会落后。所以,不管是看书、看报,跟不同的人聊天,都要抱着学习的心态,汲取营养,提升素质。反正你就是要做点事情,不能觉得自己什么都懂。

没有追求、没有理想的业务员会比较懒惰，对自己没有要求，嘴上说想进步，也想赚大钱，可没有行动，不学习不努力，满足现状，过一天算一天，怎么能有改变啊？只能一直原地踏步。

多学习、多见识、多吸收

市场是推动社会发展的基本动力，销售是推动买卖顺利进行的手段。几乎世界上所有的岗位都直接或间接与销售有关，不管你是律师、医生，还是酒店前台、接待，抑或是政客、大企业家，本质上都可以说是一名销售员，不过是销售层次和销售内容不同而已。

乔·吉拉德说过："每一名销售员都应以自己的职业为骄傲，因为销售员推动了整个世界。如果我们不把货物从货架上和仓库里面运出来，整个社会系统的钟就要停摆了。"

销售工作包含的因素太多，需要的知识很庞杂，每个环节都需要有相应的配合，所以，做销售必须保持一颗好奇心，要多学习、多见识、多吸收。平日里，我很喜欢跟不同的人聊天，希望在跟形形色色的人的接触中学到更多知识。我有个习惯，跟别人聊天的时候一般都不会打断对方，静静听着对方先说完，或者让对方多说一点。人都有这个毛病，没有人喜欢一直听别人说话，都喜欢自己说话给别人听。可你要成为一名出色的业务员，就要先学会倾听，要懂得对方什么时候需要你做出什么样的反应。特别是在销售活动中，你要抓住特别多的东西：简单的，你要知道他什么时候饿、什么时候冷、什么时候想上厕所；复杂一点的，你要知道他对着一个产品，什么时候要听什么样话、什么时候他准备好了付钱、什么时候是收钱的最佳时机——他讲到什么时候你就可以给他提出该付钱了，怎么开口要求他刷卡，你总不能直接问他：你买不买吧？

所以，销售员要对销售的整个过程，包括程序、套路、对话等，都非常熟悉并熟练运用。就像演讲之前要做无数次彩排练习一样，面对顾客之前，销售员也要与同事进行情景模拟练习，可以你做买家他做卖家，并调换角色，反复练习，体悟客户想听什么，说话时怎么给自己留下转圜的空间，怎么圆润、确切地表达自己的意思，等等，发现问题就继续练习改进。

零售：唤醒需求

销售按周期长短可分为零售和预售或预订两种情况。周期较长的销售，比如卖房子，或在网上长期跟一个客户保持联系，不是马上成交，而是需要一两周、几个月甚至一两年才能完成全过程，收到货款。周期较短的销售就是零售，就是现卖，现在我就要把你的钱拿过来，不想明天、不想后天，就要现在。

其实，做零售特别好玩，因为可以立即收到钱，可以马上见到效果，成就感来得特别快、特别大。但是，零售对技巧的要求相对也是最高的，比如顾客到你店里随便转转看看，本来没有计划购买什么，而你最后要说到他心动决定购买。其实，说到他心动觉得自己也有需求并不难，最难的是让他当场付钱购买。

现在的人，一般都有基本的消费理智，很少会激情消费，尽管他可能确实想买一个商品，也不会乱消费。在很短的时间里，你不能仅用价格不断地刺激他，一味降价，不会用脑子的业务员都不是优秀的业务员。比如，"我爱你，我想要你嫁给我"这种话，你不能在刚认识一个女孩的时候就对她说，之前你还要做很多工作，比如嘘寒问暖、细心体贴、加深感情，等时机成熟了，找一个适当的时机，你什么都不用说，手一牵就搞定了。销售工作也是同样的道理。时机成熟就定下来了，根本不用谈，或不用谈太多，就这样搞定了。其实，销售工作的实质就在这里：所有成功的销售或生意，除了价格以外，吸引力（Attractive）非常重要，你要让顾客意识到自己是有需求的，把他吸引过来，可能是一个短暂的吸引，你只会争取到两三个小时，或两三个礼拜，在这段时间里你必须把握时间，收钱、握手、成交。就像我们追女孩，其实不能叫追女孩，女孩永远不是追来的，而是吸引过来的，吸引她主动接近你，渴望靠近你。

必需品和非必需品

销售的商品分有形产品和无形产品，还可以分为必需品和非必需品。很多人都说，生活必需品好卖，非必需品不好卖。其实，在生意中，二者并没有十分清晰的界限，只要客户需要，它就是必需品。

凭我个人的经验，必需品跟非必需品虽然存在不一样的地方，但也没有严格的区别。必需品虽然在人们日常的生活中一定有需要，但不一定现在就必须要买。

非必需品，不是人们现在就一定不会买。你让他觉得现在就需要这个东西，他还是愿意购买的。把一般意义上的非必需品变成特定顾客的必需品，接下来的工作就简单多了，因为他的购买需求已经被激活了。

所谓必需品，就是你们的广告已经告诉他需要，他的配偶、子女也说他需要，他的意识就会觉得这是自己所必需的。所以，说白了，必需品是由你决定的，而不是顾客决定的。

不用给你解释为什么你需要一个包，你自己就知道自己需要一个包，那这个包就是必需品。同时，与鞋子相比，这个包又成了非必需品。什么意思？鞋是生活必需品，你出门肯定要穿鞋，但不必每次出门都背一个包。可如果你有很多双鞋，白色的可能就有好几双，这么多双白鞋在别人看来都一样，只有在你眼里是不同的，而且你也不需要一次穿那么多双鞋，这个时候鞋子于你就是非必需品。看问题的角度不同，结果也会不同，必需品和非必需品是可以互相转化的。

所以，销售人员不能让必需品、非必需品的死概念限制了思维。

销售三部曲之一——介绍产品，塑造个人形象

销售工作的目标非常简单，就是把手上的产品卖出去，把客户口袋里的钱赚进来。

在我看来，销售活动虽然是一个很庞杂的体系，但最重要的就三个步骤，我称之为"销售三部曲"：一是介绍产品，塑造个人形象；二是选定产品，给出周到方案；三是建立信任，敲定合作细节。第一个、第二个步骤并不难，基本上每个人都可以做到。但做到不等于做好，做不好，第三个步骤就无法实施，最终就无法实现销售目标。

首先，所谓介绍，并不是单纯地向买家介绍产品。这个步骤的最终目的，是要介绍自己、了解对方，拉近你们之间的距离。因为只有拉近了距离，才能消除买家的防备心理，赢得他的欣赏和信任，建立良好的互动关系。比如，我现在卖一张桌子给你，表面看起来我们的焦点似乎是一张桌子，其实作为买家你才是主角，我注意力的焦点几乎都集中在你身上，就是要想尽办法将你在意的问题找出来。

现在的业务员存在不少通病，其一是不听客户讲话，自己像播放录音一样不管不顾地向对方介绍，将一堆有用没用的信息堆砌到一块一起抛给对方。乍一听，他们将产品的方方面面介绍得非常全面，但对推动这笔交易几乎毫无用处。其二是一些业务员什么也不讲，"标配"一个计算器，除了价格什么都不在意。他们在交易过程中，就像堵住了耳朵，捂住了嘴巴，除了基本的回答，只能听到买家说"太贵了，再便宜一点，给一个实在的价格"和业务员敲击计算器的"咔咔"声了。

这两种做法完全不对路。在这个阶段，业务员真正需要做的就是倾听。听客户讲话，了解分析对方，找到他在意的东西，将自己变成一个他特别愿意合作的人。这样，你才能在第二个环节帮他挑选出最适合的

产品。

怎样才能变成客户特别愿意合作的人？

第一，不打无准备之仗。

做零售需要临场发挥、随机应变，很难做一些具体的准备。但做批发则有很大的不同，你有充足的时间全面了解你的客户。他的市场在哪里，是什么定位？他的对手是谁，是什么情况？他要这批货的用途是什么？他的预算、理想价位是多少？你的竞争对手有哪些，客户还跟哪些工厂有接触？所谓"知己知彼，百战不殆"，了解得越多，你的成功率越大。

同时，零售也不能完全依靠临场发挥，一点准备也不做。有时候，零售也需要现场了解客户。做批发也会有一些信息是你没有提前了解到的，为了给他一个更恰当的价格、更好的服务、更适合的产品，提高自己的竞争力，要提前准备一些问题，以便当面询问，并引导客户给出解答，为自己争取更大的把握。

如果你什么也没有准备，只能给客户随意拿一些资料，那就基本可以断定你要"吃败仗"了。

第二，跟客户站在"同一阵线"。

买家和卖家，从立场上看似乎是相互对立的，但在销售过程中，你要打破买家、卖家对立的局限，站到买家的一边，让他感觉到你跟他是同一阵线的，是帮助他买东西的，这样，销售进程就会变得轻松很多。一旦他感觉到你跟他处于同一阵线，局面就会立刻打开，你可以找到更多引导性话题达到全面了解他的目的。比如，你可以在介绍你自己和公司的基本情况时，引导他聊聊他的公司及其业务进展，进而聊到他公司的需要，然后把自己代入他的角色体会他的需求。这样，彼此间的信任就会很容易建立起来，你再帮他选择产品时就容易多了。

第三，有重点地介绍自己，让客户"非你不可"。

在充分了解客户并建立相互信任后，你就掌握了主动权，可以"反守为攻"了。这时，你可以帮他"客观"地分析你跟竞争对手的优势和劣势。

比如，客户到你的工厂买灯，前期基础打好后，你作为业务员可以这样开始你的"进攻"：

"所有工厂都希望能为客户挑选到最适合的产品，并给出尽可能好的质量和尽可能低的价格。我们厂也希望能跟优质客户建立长久合作关系，所以，您大可放心地告诉我您都接触了哪些工厂，我了解他们的情况，可以从工厂的角度帮您分析。我不会故意抬高自己，也不会刻意贬低别人，我只是帮你分析一下不同厂家产品的优缺点，供您自己分析比较。这样您就多了一种角度，可以更慎重、全面地做决定。"

我们给出的分析要基于前两步对他的了解，在事实的基础上稍加侧重。比如，对他在意的方面，把自己的产品突出一些；在他不那么在意的方面，将其他工厂突出一些。虽然我们相信自己的产品是最适合他的，但此前他必定对许多工厂都做过了解，已经有了自己的衡量，会理解你的分析是建立在实际情况之上的。同时，你又摸准了他的脉搏，会更加轻松地博得客户的认同，给自己加分。

简单地说，销售就像追女孩，小套路、小心思是必不可少的，但若想最后成功，对人必须真诚、真心。你与客户打交道，互相都应该知道彼此大概的背景，所以不需要忽悠，不需要你用三年时间去做准备，只要多下一点功夫，把他想看、想了解的方面展示、介绍给他，就事半功倍了。

销售三部曲之二——选定产品，给出周到方案

完成了第一环节，就打好了基础，你对买家有了充分了解，赢得了买家的基本信任，就可以开始确认选择范围，帮他选择产品了。很多时候，做销售并不一定是要看他想买什么，而是要看你想卖什么，要在给

他看产品之前就对症下药。

你要了解他的市场，清楚他的购货用途。拿灯具来说，他是需要家用装饰灯，还是需要定制工程灯，或是需要商业照明灯。

好了，当你知道他需要的是工程灯后，就要在细节方面帮他挑选。因为一般客户虽然知道自己需要什么灯，但仅仅是知道，略懂皮毛而已。他可能拿着图纸，自以为经验丰富、门清路熟，但方案具体怎么做他不懂。他不可能像工厂的专业人员一样，每一个细节、用什么材料等都明明白白，也不知道怎样设计或用什么材料才能实现他预想的效果。所以，这些地方你应该尽力给予配合，让客户懂得应该怎么做选择。

从事装饰灯批发业务的买家最关心款式，要求卖相好看，你就要着重帮他挑选款式。但萝卜青菜各有所爱，商家认为好卖的款式，终端顾客不一定看得上。所以，此时业务员更要帮他进行理性分析。比如，买家的进货预算是20万美金，你不仅要帮他用这20万买最适合他销售的东西，如他的顾客会用在哪些位置，什么类型更合适，同时，还要帮他衡量货物体积大小，全部货物最好装满一个货柜，他可不想多出来也不想装不满。你还要帮他考虑回报率，同样是10块钱的灯，一种是小小的，看着很小气，拿回去可以卖20元；另一种很大气，拿回去应该可以卖30元，回报率比第一种高得多。可小的难令人满意就不要选了吗？不满意也要买，如果没有小的在旁边做陪衬比较，就没人能发现大的有什么优点，也没人知道买大的为什么划算，所以，一定要有对比，不能只选好看的。一个选美比赛如果全都是顶尖美女，你根本没有办法选出第一名。有些款式大家明明知道很丑会不好卖，但至少也要买几个回去放在旁边供人对照。

所以挑选环节要考虑的东西非常繁杂。你要设身处地地为买家考虑，给出实质性意见，而不是只会说质量好、价格好、售后服务好，什么都好，连自己都说服不了，客户更不会相信。你从买家的角度考量之后，

就能够提供一些真正有用的资料及便利,他即使不完全认同或理解两个产品的差别,也会感觉到你是真正的行家,跟一般的销售人员不一样,对你的印象就会越来越好。所有的男人都会说"我会对你好的,我爱你",这样的表白完全在女人的预料之中,没有丝毫新意,效果可想而知。你若能够出乎其意料之外,给她一个真正的惊喜,她即使不会立即答应你,对你的好感度也会直线上升,为继续追求打下良好基础。

有时候,买家会问一些不切实际的复杂问题,你可能也给不出一个准确答案。这时,你不要不懂装懂,把它轻轻带过,让他明白,他根本不需要明白这些问题。比如人们买一件衣服,需要知道每根线的不同编织方法吗?买家也不需要知道与他无关的一些细节。我做灯具生意这么多年,实话说,我根本做不到精通。如果你让我完整地组装一套复杂的灯具,我肯定做不来。所以,你不如干脆告诉买家,这些问题他不需要弄明白。当然,一开始就不肯解答他的问题肯定不行,简单带过是建立在第一环节的扎实基础上,他对你已经充满信心,喜欢你,信任你,才会觉得你的话确实有道理。

销售三部曲之三——建立信任,敲定合作细节

经过了前两个步骤,下了那么多功夫,真心订货的客户甚至会主动对你说,"我明天打钱给你"、"什么时候安排发货"之类的话。因为他本来就需要那批货,你们如果真的"两情相悦",他早晚都会主动迈出这一步。就像男生吸引女生,不用问她愿不愿意做你女朋友,大家心照不宣,手一牵就搞定了。

做业务员,这就是我们最希望达到的基本状态。用计算器一遍遍算数,"六百行不行?不行给你五百,还不行?四百是底线,让到头了",实在是没意思。碰见这种客户,你可以直接跟他说:"老板,您不是做零售吗?对质量的要求应该非常高吧。您一直要求我们便宜一些,可是我们工厂上上下下这么多人也都等着吃饭呢。如果一定要降价,可以,但说实话,质量一定会比现在的差,因为我们不可能给您便宜到不吃饭的地步!再说您从我这里拿走150元的灯,回去最少也能卖到300元,您给我降下来的这几十块对您来说并没有太大意义,但对我们来说就是一个灯的全部利润了,特别重要。所以,这几十块您也不是不能接受,而且还保证了产品的质量和售后服务等,解决了您的后顾之忧,不是非常划算吗?"

这么一说,买家立刻就能明白,他们都是"老司机",心里都跟明镜一样。他真的差那几十块钱吗?不是的,他就是想表现一下他有多厉害,要砍你一刀。没有人跟他这样坦白说过这些话;没有人这样坦白告诉过他,其实这些钱对他来说根本不算什么,都会尽量配合,为了拿到他的

订单不惜一再降低底线，最后不得不偷偷降低质量。如果对外贸易，国外商人拿到了质量有问题的产品，就会对中国制造更加不信任，"价格便宜、质量差"这个标签就会一直如影随形地跟着我们。于是，国外商人会对我们更加趾高气扬，更狠地压价，形成恶性循环。

你可能还会想，他每次都砍价20元，我直接把价格提高20元不就搞定了？不是的。你提高20元，别家可能就会比你便宜30元，客户简单比价之后就对你的产品直接失去兴趣了。所以，你要把他带出价格这个怪圈，看到另一个层面，就是前两个步骤所提到的工作。你要让他真正放心，喜欢上你们的产品、你们的公司、你这个人。你要问他跟你合作可不可以、感觉开不开心、合作是不是信任，产品质量怎么样？我们的所有功夫、所有套路的最终目的都不外乎这些东西。只不过你把太简单的道理直接说给对方，效果不一定好，一定要有很多套路他才会感受真切。三分钟可以说完的事情，你还要带他去真切感受，如参观工厂、到别的工厂进行比较等。

真正到了敲定合作细节的时候，他对你已经有了足够的信任。每一个生意后面都不可避免地有很多问题，买家也都明白，即使做了再多保证还是会出问题，你要表现出来你有足够解决事情的能力。用信任做基础支撑，他就会相信，无论碰到什么问题，你都有能力帮他解决。

态度决定成败

以下对话常常发生在服装店里：

"这件衣服真好看，多少钱？"

"500。"

"太贵了，能不能打个折，便宜点？"

"不能打折。"

"诚心想要,就便宜点吧,我以后还会常来。450行不行?"

"你稍等。老板,那个顾客问这件衣服450行不行?"

"可以,卖给他一件吧。"

"好,老板说可以卖给你。"

这段对话表面上看起来好像没什么问题,但如果我是这个服装店的老板,听到这段对话,恐怕会被活活气死。从顾客进门到成交,这个店员的作用基本为零,有他没他几乎没有两样,甚至还不如没有。说白了,这个交易根本就是失败的。但可怕的是,这竟然成了很多销售业务人员的工作常态。

一个业务员,最需要且最应该珍惜的就是客户给你的时间。客户肯给你时间、肯给你机会,你才有发挥的前提和空间。

在上面的场景里,客户已经把自己的时间交给了业务员,业务员已经得到了起跑优势。但他不仅没有把握好,甚至可以说把机会完全浪费了。自己不懂如何沟通交流,只会做老板与顾客之间的传声筒;不会调节气氛,对待客户的态度就像例行公事、应付差事……这样做生意,除了守株待兔、瞎猫碰个死耗子或发几封电邮做些小单,根本不可能取得什么成功。

前几年,我们跟一个工厂合作,他们的一个业务员就是这样。在合作的一两年里,每次跟他们谈业务,业务员都要老板亲自出面。有时一起吃饭还需要我们买家照顾他,如果我们不主动招呼,引起话题,这顿饭吃完可能都听不到他主动跟我们说一句话。

这个业务员是刚毕业的,生性腼腆。我与他的老板私下聊过,没想到他倒比我宽容,轻描淡写地让我多体谅,说新人需要慢慢进步。我觉得这都是借口。这么长时间没有丝毫进步,只能说明他根本没有进步的愿望和要求。刚刚毕业没有技巧,起码要拿出态度;什么都没有的时候,起码要有一颗诚心,想进步就要主动学习。生性腼腆还要做销售,就要逐渐适应社会,做出改变。不然只有转行一条路。

江湖不相信眼泪

像他这样的人不在少数，我也曾是其中的一个，谁都要经历进入新行业的适应阶段。以前，我也是一个很内向、情商不高的人，但我告诉自己一定要广交朋友、融进社会。现在，几乎没有人能在我身上找到内向的影子了。

所以，每个人都可以成就一个更好的自己。起点越低，进步的空间也就越大。要端正态度，给自己寻找不同的机会，用心、用行动去配合别人，不断尝试，不断实践。不要总是还没做什么就先安慰自己：我很辛苦了，我已经进步了。其实，你真正付出多少努力自己心里比谁都清楚。

跟客户谈好了一单生意，客户说："好，没问题，一回国就把定金打过来。"你觉得万事俱备，只欠东风，已经胜券在握了，然后就放心地玩着电脑、喝着茶等着钱到账。结果，第一天没有到账，第二天没有到账，第三天还没有到账。为什么？你不明白原因想打个电话问问又不好意思打扰客户，同时心里还抱着一丝侥幸："没准儿他是刚回国要休息两天"，"可能遇到什么要紧事耽误了"，"也可能太忙忘记了"……你替他想了无数个理由安慰自己，于是又心安理得地继续等待。一周以后，你终于有点坐不住了，拿起电话给客户打过去问为什么还没有汇款，结果对方有无数个借口搪塞你。最后，爽快的会直接对你说"对不起"，要不就一直拖着。你不能强迫他给你汇款，只能在心里暗暗骂他，"真是言而无信"。

丢了单，老板问你为什么？为什么拒绝了你？你总有理由：因为他没有最后选定、因为他的项目没有落实、因为他老婆反对，等等。你从来不会说，"我这里做得还不够，我那里还有点欠缺"，根本没有一丝反省。其实，生意成不成，客户掏不掏钱，决定权真的在他手里吗？不一定。你完全可以将决定权掌控在自己手里，总有办法让他把钱掏给你。

谁都不会突然就成了专家，不会突然就有了成熟的技巧，不会突然就有了控制能力，都是靠一点点学习、一步步摸索积累而成的。

刚毕业进一个公司，老板肯定会先安排有经验的前辈来带你，告诉你要跟他学习。开始的一两周你能做的肯定就是拖拖地、搬搬东西等一些简单的事务。这段时间你也需要留心，要多注意你的同事、你的经理怎么跟客户对话交流。一两周之后，经理或老板应该就会给你一份对白，让你背下来，然后把前线销售的各种情况告诉你。如果公司没有这种对白模板，你也要开始自己去摸索。这样下来，一般三个月左右你就能基本应对一般的客户了。这时你仍然要一边做一边学，一边汲取经验。等背熟了对白，你就可以开始做一些练习，最好是找一个对手，如同事、父母、老公、老婆等做双向练习，并互换角色；即使找不到练习对象，一个人在家也要对着镜子练习。这样，你慢慢就能驾轻就熟，逐渐摸索到自己发挥的最佳方式。

另一方面，上节谈到的那个老板的态度也很有典型性，值得进一步探讨。他的轻描淡写、看似包容，实际只是不想花更多钱找一个水平合格的业务员。我私下打听过那个业务员的工资，一个月只有2500元，显然水平很低，这种工资水平也就只能留住这种刚刚毕业或同等水平的业务员。问题就在这里，如果一个月多花几千元聘用一个更好的业务员，他能够搞定客户，可能就会带来一个50万元的订单，100万、500万、1000万也有可能。所以，很多工厂长时间不能做大，只能勉强维持，除了业务员自身"没料"之外，老板们也不明白，他们如果想招到一流的业务员，就要给出相应的价码。这个低水平的工资不仅不能鼓励现有水平的业务员提升自己的业务能力，一流的业务员更不会加盟进来。所以，他们的规模可能永远局限于几个固定的客户，无法发展壮大。

这些老板可能会说，即使我用1万元的月薪招进来一个所谓一流的业务员，可他并不能一下子就带给我看得见的效益，等用了3个月发现他不行,我留还是不留?炒了他,3万就打水漂了;不炒,成本又太大。这明显是一个目光短浅的想法。一个企业缺的从来都是人才,养一个有用的跟养一个没用的是完全不同的概念。养兵千日,用兵一时,仅仅这"一时"就值得企业付出成本。可能他们还会说,"人才留不住",我何苦花大价钱去养"喂不熟"的狼?人才肯定留不住,谁都想出去闯一片属于自己的天地,所以你更要让他体会到,你给的工资是短期内他自己创业达不到的,即便差不多,他也会思考自己的冒险值不值得。或者除了给月薪,你还可以把他变成你某一部分生意的合伙人,让他更加舍不得离开你。

说到底,端正用人的态度,也是每一个老板不可或缺的必修课。

做生意不能"做自己"

我们常常会在电视剧、偶像剧、鸡汤文里看到这么一句很励志的话,叫"做自己"。但是,如果你想成为一名出色的业务员,我就直白地告诉你:"不能做自己!"

奥普拉·温弗瑞在杜克大学演讲时说过:"在生活中,我们所有人时不时都需要化化妆。我清楚这一点,如果你们能看到改变自己人生的可能性,如果你们能看到自己可以成为怎样的人而不是原本的面貌,那么你们将获得巨大的成功。"

我们不是"人民币",个性和行事风格做不到让每个人都喜欢。所以,在交易过程中,你不光要摸清客户的脉门,知道对方喜欢跟什么样的人合作,知道怎么做才能让他跟你合作得更加舒服,还要敏感地觉察出他当天的心情如何,适不适合谈当前的话题,然后根据对方的心情调整自己的语气和措辞。对他有利的方面当然好说,对他稍显苛刻一些或者需要他付出的一些东西,就要考虑怎么说能让他更容易接受,不能因为他情绪的原因损失掉这一单生意,甚至变得讨厌与你合作。

所以，一直以来我都会建议业务员，不用要求自己做得很漂亮，只要你能"装"出来，能表现出那种笑容、那种真诚，让人感受到你有把事情做好的诚意。你可以很假，但要假得有技术含量。你什么也不愿做，装也不愿装，直接摆出一张让人讨厌的面孔，那就是没有诚意。客户会说，连哄我一下你都懒得做，我怎么跟你合作？做生意，大家心里都有个底儿，都知道无论谈什么生意、你说得多么好听，都会出现问题，不可能如你所说的那般完美。但是，你最少要努力表现一下、意思一下，让人感觉到你的诚意。

我们在社会中就是一个一个"演员"，都在扮演不同的角色。从早上开始到夜里上床，你不可能一直保持着你的自然本色。无论是面对客户，还是面对一个帅哥，抑或是面对一个陌生人，你都不能用完全自然的状态应对。何况你还处于要求你为公司赚钱的环境里，扮演着业务员的角色，就更要主动营造合适的气氛。这时你说要"做自己"，那绝对没戏。

这就是我所说的人格魅力，那种让你由内而外散发光辉的东西。对外表人们是会逐渐习惯的，我第一天看到你觉得你很漂亮，你男朋友第一天看到你也觉得你好漂亮，第二天看到你还是感觉很漂亮，慢慢地，尽管他每天看到你还是觉得你很漂亮，但已经没有当初那种新鲜感了，因为已经习惯了。所以你还要靠其他很多辅助加分项，如谈吐大方、处事细心等，全部加在一起，你的人格魅力就散发出来了，对方就会一直喜欢你。大客户也好，小客户也罢，你都是在跟具体的人做生意，你销售的除了公司的产品，也等于在推销你的个人魅力。

很多时候，他不愿意跟你合作的原因可能仅仅是不愿把自己的想法说给你听。可能他觉得你们之间的沟通有问题，你对他的理解常常出现偏差，以至于他对你失去了信任，觉得将问题说给你听也解决不了什么，因此干脆不说了。所以，生意最好面谈，文字和语言可能都不足以准确地表达你们双方最真实的意思。但是加上表情就不一样了，内心的意思就变得直观生动起来。有没有误会取决于对方对你是不是感兴趣，如果对方对你不感兴趣，有时哪怕一个很容易解决的小问题他都不愿意先跟你沟通。这种情况下如果你还坚持"做自己"，让他来迁就你、喜欢你，那就太天真了。我们能做的就是尽量变成他喜欢的那种人，然后让他喜欢上你，即使有时候真的产生了误会，他也可能因为对你的好感而说服自己相信你。人只有对自己感兴趣的人才肯花心思去理解。

用感觉去判断他的喜好不是不可取，你还可以根据自己的生活经验总结、推测。工作积累多了就归纳一下，结合当时特定的情况进行演绎。比如一个女孩看到一般的路人、陌生人基本都不会有什么特别的眼神，但她的目光如果总在高个子的男孩身上多停留几秒钟，那你肯定就明白她应该比较喜欢高个子的男生了。有时候这种喜好的流露可能连她自己都没有意识到，这就完全要靠你的细心观察了。

根据人生经验积累的能力，很难用一句什么话给概括提炼出来，只能靠自己在日常生活和工作中多留心、多观察、多总结。经历的事情越多，见过的人越多，加上善于归纳和总结，才能不断提高自己，增加自己身上的闪光点，减少别人不喜欢的东西，才能受到越来越多的人的欢迎和接受。当然，在生意上也会有越来越多的人喜欢与你合作。

销售情景再现

与客户对话有什么技巧？究竟怎样与客户进行有效对话呢？比如我现在面对着一个脾气很暴躁、很挑剔的客户。

客户："这个灯怎么卖？最低多少钱？快点算一下，我赶时间！"

我："好，价格肯定给你最便宜的。"

客户："那是多少？"

我："我帮你算一算。"

客户："快点快点。"

我："但是你还不知道这个灯是不是真的适合你。"

客户："我不管，你先告诉我最低价格是多少！"

我："好，你给我两分钟时间我帮你算一下。但是我怕你买这个灯会不合适。我知道你又想骂我了，但是你也不想费心思选的灯不合适吧？那就请你先听我说完。"

客户："快点，我的时间很宝贵。"

我："不要那么急，到时算贵了、算错了你又要怪我。听了你给我描述的放灯位置，老实说，我觉得可能不太适合。首先，那里高度不高，这个灯的尺寸可能会显得大了一些，而且这个灯不是很亮，放那里效果不好。你家装修是现代风格，无论家具还是摆设，品位很高。你刚才可能没看清这个灯的另外一面，我感觉它的风格跟你家里的整体风格不怎么搭配。"

客户："那你是说我搭得不好看？"

我："你要相信我们，我们每天都在做灯的光效设计，比较清楚什么样的空间适合什么样的灯，还是有些经验的。你先听我说说，如果觉得不对我再给你算……你需要去洗手间吗？在那边。"

通过这个小对话我想表达的是，作为业务员，不论面对什么样的客户，语言虽然不是最重要的，但基本的沟通能力、反应能力还是要点功夫的，要想尽办法掌握主动权。做业务员的要会圆场，像打太极一样。国内的业务员，我相信他们都有上述能力，但是换成英文就完全不一样了，他们会心慌气短，不知道该怎么交流了，在销售过程中，很难发挥出应有的技巧和能力。

所以，最根本的是要提高自己的能力。一个业务员能把客户带到零售店里做介绍，或者带到工厂做批发，已经比电邮、电话等方式好太多了。既然你已经下了那么多功夫，获得了跟客户面谈的机会，就要把握住，不能拿客户当试验品，这会浪费公司资源、浪费客户资源、浪费你的时间。不停地盲目找很多客户，自己没有进步，没有提高技术，结果还是成效不大。所以，就像上面那段情景对话一样，你可以跟同事一起多做练习，反复互换角色，一定找到自己的问题所在，取得实质性进步。

还有一些业务员喜欢采用发邮件的方式进行推广，效果不错，而面对面交流的能力就差一些。因为邮件都有基本模板，进程由自己操控，业务员不会像面对客户那样会怯场害怕。但是，现在能用邮件搞定的基本上只是小单、小交易，大单还是需要面谈。如果你只能做电邮，就没有机会锻炼、提高自己的能力。

与客户交流时，我们都要尽量巧妙、不动声色地获得对方的一些信息，但很多人只是浅尝辄止，做不到位。比如，一般业务员都会问客户的国家，却很少追问具体哪个省份或哪个城市；经常听客户问工厂规模多大、员工有多少等，却很少有业务员问客户的公司规模有多大等。还有一些大家平时并不在意的问题，如买家公司的上下班时间、一周几个工作日、他的市场在哪里、都是什么类型的客户、需要什么风格的产品，以及他现在拿货的供应商是谁、什么类型、什么规模、什么价格区间，等等。很多业务员都觉得这些无关紧要，但实则非常重要，有时甚至会直接决定交易的成败。你可以婉转地或语带敬佩地问他，也可以随意聊天似的慢慢将这些信息套出来。

总之，需要询问的问题其实很多。我觉得，假如客户有一个问题需要问你，业务员最少要问他两个问题，客户能主动给你的信息是远远不能满足需要的。

假如还是那个服装店，但换了一个业务员，这次是一个人进来看到一件很喜欢的衣服，想给女朋友买回去：

"这件粉色衣服很好看，我想给我女朋友买一件，多少钱？"

"500元。"

"能不能便宜点？"

"行，你先告诉我你女朋友穿多少码，我看一下有没有货。"

"s码。"

"哦，好，我看一下。假如粉色没货的话，旁边那个红色的肯定有货，你看看喜欢么？"

"我女朋友不喜欢红色的，就喜欢粉色的。"

"哦，粉色的这边还有很多款型，我一起拿给你看看吧。"

这个对话基本上就活起来了，无形中你就知道了他想要的颜色和尺码。对答需要一些基本技巧，要会把问题踢回去，来获得更多的信息，不要把天聊死了。

就像我们平时卖灯具：

"哇！这个灯很漂亮啊，多少钱？"

"您真会挑，这个是我们的最新产品，用了200万的光柱、最新的材料……这个款型我们现在标价500元。"

这时，他对你给出的价格其实并没有概念，无法判断究竟是便宜还是贵，接下来你就要为他做比较了。

"这种灯别的厂家基本都用××材料，而我们用的是××材料，比他们的材料质量要好一个档次。一般这种材料的灯我们最少要卖七八百，现在我们正在做特价推广，所以标价才500元。"

这个功夫是必不可少的，你必须要让客户对你给出的价格有一个基本的概念。同时你还要问他：

"这个灯你是送人还是自己用？打算把它放在哪里？你的楼净高多少？如果不到3米，就完全没问题；如果高于3米，这个灯就不合适，有可能会'失重'。"

相关方面的问题你都要在他开口之前尽可能问到，不然你怎么能让客户感受到你跟别人是不一样的、能真正帮到他、有信心跟你合作呢？不能等他一个一个问题追着你问，这样会显得你非常不专业。如果他懒得主动问你，这个生意就泡汤了。

我的很多门市都摆放有一两百个灯具，有的业务员会在一些包装盒上贴上名字：张先生、陈先生、王先生……其实，这些灯并不是真的被订走了。那贴上名字有什么作用呢？客户进来看灯，等看得差不多时，它们就派上用场了。时机成熟后，业务员一般会顺口问客户一句："您是不是边等新房交房边选灯？新房有多少地方需要装灯？"等客户回应后接着说："我就是随口问一句，因为我们有很多客户都在等新房或在等装修完工。您看，这些款式就是他们选定买好后存放在这里的，等装修完工后再从这里直接运到新房进行安装，省得搬来搬去折腾。""您如果也是这种情况，也可以考虑这样做，我们可以提供这个便利。"

这种小花招非常好用，很多人看到那么多灯被订走了，原本的顾虑就打消了，主动权就掌握在了业务员手里。这总比你到最后准备跟他谈价格时，他才告诉你还没交房，他想等交房后再来买要好很多吧。

生意离不开引导。生意人必须精心设计一些套路，前线业务员也必须学会运用。你如果只会报个价，然后就把天聊死，那根本没有入门。报价谁不会？成功的销售，一定要懂得这些套路并能熟悉灵活运用，还要加一些自己的心思进去。我们公司也会发 E-mail 询问价格，结果收到的回复几乎都是那么几句话，几秒钟就把天聊死了。

业务员要懂得自己所说的每一句话会对顾客产生什么作用、顾客会有什么感受，也必须清楚顾客看着一个灯的时候心里在想些什么。最后，要知道怎么介绍推荐、沟通交流、提供建议，吸引住他的注意力，让他选到满意的产品，从不想付钱变得主动将钱掏出来。

没有结果的交易

你有没有碰到过这种情况？本来跟买家谈得好好的，他也满口答应下单了，你以为一切搞定，满心期待地坐等进账，可等来等去只等来对方的一句"sorry"。这种情况发生几次后，你就要开始深刻思考，弄明白为什么，他们明明已经下单了啊。其实，这些你原以为已经成功的交易，就好像从头到尾根本就没有发生过，没有任何结果。

"从头到尾没有发生过"的意思是，没有合约、没有定金、没有任何可以证明客户已经完全同意交易的实际保证，只是看上去好像一个敲定的交易而已。你本来应该在他同意下单的时候进行跟进：要定金、签合同，把事情敲定下来。

记住，你有责任、有理由要求对方这样做。

谈生意，历尽千辛万苦才能找到相互"看对眼"的合作方，如果觉得没问题就得过且过了，你就是一个不称职的销售。比如，一个合作商跟我一起吃饭，他心里已经确认我是"对"的人，知道我基本上同意跟他签单，那他除了会加我助手的微信外，还应该主动加我的微信。作为业务员如果面临相同的情景，不管你用什么理由，直截了当也好，投其所好找到你们的共同爱好也好，总之必须想尽办法把客户的联系方式拿到手，保证可以直接联系到对方的决策者本人，然后隔三岔五地跟他保持联系，不能让他忘了你，必须让他一直记得你，才会把定金付给你。

所以，没有这些实际保证，你做的就是一单"从头到尾没有发生过"、没有结果的交易而已。

这里我还要再次强调一个词——吸引力，就是我重复多次的"追女孩法则"。追女孩的最高奥义从来不是靠追，而是要靠吸引。你不断跟进交易、跟客户保持联系的前提也是互相"看对眼"了。只有用各种方法把他的注意力吸引过来，让他对你一直兴趣不减，觉得非你不可，打心眼里觉得你做得好，才会主动跟你做生意，你的跟进才有意义。而不是仅靠死缠烂打，一个小时一个电话，一条信息接一条信息，晚上又到客户楼下等人家回来，穷追不舍，这样只会吓跑客户。即使客户因为你的死缠烂打暂时下了订单，等深思熟虑后还是可能对你说"sorry"，或你们之间的关系就一直不会平等。"吸引力"不仅适用于一般的人际关系，也可运用到生意的沟通交流中。比如苹果公司推出了一款新手机希望市场接受，但他们不可能让业务员给每一个潜在的购买者打电话，只需投两个亿做广告推广，新手机的信息就自然会在你四周不断闪现，引发你的兴趣，唤醒你的需求，你就会被它的卖点吸引住，主动追踪它的进展。一个人觉得它很好，两个人觉得它很好，身边的人都觉得它很好，人们就会产生从众心理，大家就都被苹果"洗脑"了。只要你主观上想要，不用苹果死缠烂打，你自己就会寻找途径购买。

所以，成功吸引到对方以后，在你情我愿的基础上，你就应该主动地积极跟进，收定金，签合约，把这一单交易真正搞定。

跟进的"黄金 24 小时"

许多刚出校门走向社会的年轻人,以为自己在大学里学了四年的国际贸易专业,就是有能力的"行家"了。可当他们参与实战就"傻眼"了,会感觉教材理论知识与实际工作的要求存在很大距离。作为公司新人,你可能接受几小时简单培训就上岗了,要面临许多困难。比如,怎么对待客户,上司没有大块时间对你系统"传帮带";你想跟在有资历的老员工后边学点"必杀技",但他们可能也缺乏熟练的技巧,或者操作不规范。多数公司都顾不上系统地梳理总结自己的业务活动要领,许多事务或技巧"只可意会不可言传",新人学得很慢,进入角色很艰难。所以,我希望用简单、形象的语言给一些刚刚入行或者希望进步的人一点启发,让他们提升得快一些,尽可能顺利而高效。

公司里的客户资源都是有限的,经业务员们一分摊,一个月分到你手上的就只有一两个人、一二十封有用的邮件而已。你要从这为数不多的资源里找到机会、成交生意,无疑是非常考验功夫的。而交易过程的跟进,毫无疑问是最重要的,最不能忽略的。

如今,信息技术越来越发达,销售的辅助手段从电话发展到传真,又发展到电子邮件,沟通越来越方便、越来越便捷。但沟通方便了,人与人的距离反而疏远了。以前没有阿里巴巴、没有网络,世界各地的商人会亲自跑来跑去做生意,到处都能看到业务员的身影。现在有了网络,足不出户就能完成很多业务,需要的商品可以直接在网上付钱购买,省去了销售的步骤。最令人担忧的是,许多业务员甚至逃避打电话,能发短信、邮件就不打电话。

用短信、邮件的方式跟进业务,基本上不会得到及时的回复。周一发过去,等到客户看到再回复你的时候,可能已经是周五了。周五你预备过周末不想工作太多，一拖一等就到周一了，你再回复过去，对方看到可能又是周五了。就这样一直往后拖，不但客户会淡忘这件事，连你自己可能都会慢慢搁置下来，最终忘得一干二净。

假如我们在选择销售手段时不以自己的主观喜好而以成功率为标准的话，如第一选择打电话，效果就会完全不一样。一个电话打过去，"没什么特别的事，就是给你问个好"，接着随意聊几句，不用多长时间，两三分钟足矣。即便在电话里没有谈到生意，但对方只要听到你的声音，就能想起你们之间的业务。如果客户觉得生意还有问题，电话沟通也比短信、邮件更高效快捷，几句话、几分钟就能搞定的事情，用短信、邮件可能需要几个反复。所以，电话沟通的力量不可替代，说到兴起的时候，对方甚至可能直接决定签单。

我当买家这么多年，从来没有接到过业务员的电话。我觉得，有些业务员可能一个电话都没打过，还有些业务员可能因为语言不通，英语不好，电话卡在前台或总机转接这个环节上，怎么都找不到人，这一点挫折有那么几次就丧失信心了，就不愿再用电话沟通了。其实，在打电话之前，你可以先给对方发电邮，确认好电话交流的时间，不管他能不能看到，都会显得你很专业。然后你规划好时间，选择一个合理的时间段。你最好知道对方是哪个国家的，哪个时间段可以接打电话，尽量不要选择周末和晚上，周一早晨和吃饭时间也最好避开。你要知道什么时候打电话过去效果最好，必须想到所有的细节。

切记"打铁要趁热"，生意的跟进也存在"黄金24小时"。有时，客户可能是冲动签单，等过了这段时间，冲动就消失了。就像你看上了一件衣服，但超出了你的消费能力，买了，这个月都不要吃饭了。可是，你穿着很漂亮，喜欢得要死，真舍不得放弃。这时，销售员在旁边推你一把，你就可能下决心买下了。如果给你时间冷静下来，理智就会告诉你吃饭最重要，不能买衣服。业务员做生意也要趁热打铁，最好在客户确定意向后的24小时之内把订单落实，不要给他"变卦"的时间。

比如，一个国外客户周一与你谈好了意向，他周三回国，你希望周四、周五收到订金，把订单落实，不想拖到下周。那你就可以直接问他哪天上班，是第二天还是下周。现在的人，事情多才显得自己是成功人士，所以大多数人会告诉他一回去就要上班。你不用顾虑他实际上是不是会休息一两天，就要当他第二天上班，约定上班时间给他打电话确认意向。你在电话里要用很积极的语气跟他谈，这个时候没准他还在床上，但他会假装自己很忙，正在很努力地工作。你不用怕打搅他，因为实际上他没有上班、没有太多事情要处理，反而会专心地处理你们的交易。

所以，跟进订单的时候，绝对不能有丝毫拖延或犹豫，禁止用一切他可以忽略你的电邮、微信等方式，盯紧他，不给他留下退路，干净、利落地把订单落实。

定金，定金，永远不要忘了定金

虽然你可以做许多跟进订单的事情，可如果没有能牵绊住客户的东西，过后他还是会随时反悔。这种情况特别常见，我作为买家也经常会这样做，可能是因为我回国后想法变了，也可能是因为业务员忘记了跟进，还可能是因为我看到了另外一个更适合我的合作公司。不论当时多么想买、多么想合作，只要拖延一点点时间，交易就可能出现变化。所以，要想尽办法在客户离开之前先收一部分定金，或者拿到他在意的东西。

这么多年来，几乎从没有工厂在我决定合作后主动、积极、立刻向我要过定金。其实不用多，一两万，这对我来说就相当于有了牵绊，想反悔就会慎重考虑。就像收钱的人永远希望越多越好一样，没有人愿意从口袋里掏钱，这是亘古不变的真理，所以收定金也要有技巧。

首先，你要让他明白，收定金并不是在赚他的钱，而是拿他的钱帮他做事。

在国内我很少听到业务员这样表达，但这些话非常重要，你要直接或间接地提醒他这个事实："我是在帮你做事，先给我一些钱是理所当然的。"你要让他明白，现在付10%或20%的定金，并不是额外的付出，会在货款里做等额的冲抵。而且，你的公司现在要先垫钱帮客户做事，是承担着风险的。

我曾经跟一个工厂合作过。那家工厂就是我之前提到过的两种极端之一，老板不爱说话，业务员也不会销售，但产品质量很好。于是，我尝试着向他们订了一批货。当时我跟他们说的是回去就打定金，可我回国后一直没人催，也没人跟进，就一直拖到现在也没做成。人都是这样，都记得住收钱，记不住给钱。没有人愿意主动付钱，他不催促、不跟进，我更不会记在心里，一忙就顾不上了。当时彼此都加了微信，至少工作群里就有我的联系方式，只要在刚认识的时候把跟我的关系拉近一点，直接找我联系就不会感觉不好意思或者尴尬了。如果他们一直跟我保持联系，催我一两次打定金的事，我也肯定就打过去了。但是，他们没有人这样做。这桩生意对他们来说就差一两次电话、几句话的功夫。

其实，当时他们可以把我当作朋友，找些共同的话题聊聊天，然后要求我当时就付些定金，我回国后就不可能忘记了。可他们既没有尝试要我付定金，也没有及时跟进，时间一长，干脆就不再找我了。

可见，除了及时跟进，在定下合作意向时直接要求客户支付定金，也是谈生意最重要的环节。但是，多数人都习惯性忽略了，都不谈这些，只跟你谈数字、谈货品。好不容易建立了意向，就觉得万事大吉，忽略了可以直接要求定金的事情。做销售要想提升业务水平，永远也不要忘了主动要求定金的尝试。

其次，最后一部分货款永远是最难收回来的，不管客户当时有没有钱，一时间要拿那么多钱出来，谁都不情愿。所以，收定金也是为了减轻买家最后的付款压力。可以让他选择先多付一些，中间再付一部分，把总货款分成几个小额依次支付。货运需要时间，销往国外需要的时间更长，客户完全可以分批支付，这样既减轻了他们的压力，你也更容易收回货款。规矩是死的，人是活的。

尤其是对国外客户，定金显得更为重要。虽然国际汇款确实存在诸多限制，打钱给你会有各种问题，但他从那么远的地方过来跟你面对面谈，就是真正需要这批货。这种情况，定金多少都是要有的。如果他没有人民币，其他货币也要收一些。他可能会说："我没有多少钱，身上只有两千块。"没关系，两千块也要。你要告诉他，我给你那么多东西，你理应支付一些定金表示诚意。这个交易的关键不在于要了他多少定金，而在于定金标志着双方合作的正式开始，让他永远记得这个事情，避免发生他说下个礼拜打定金给你，等得人都老了、头发都白了，还是什么也等不到的情况出现。就像你去买衣服，店家现在没货，要你交五十块的定金，这对你不算什么，但你就会想，我只要交了定金，店家就会立即调货，我也能更快把衣服拿到手。好业务员绝不会说："今天没货，你明天再来吧。"如果没要你定金，你晚上躺在床上就会反复地想，自己是真的喜欢吗？到底有没有必要花这个钱？等你一觉醒来，有可能已经打消了购买的念头。

确实有一些国外客户不习惯带现金，因国家规定你也不能刷他的信用卡。但是，你不能用不等于不能拿。听起来似乎不太妥当，但实际上合情合理也合法。让他把卡先交到你手里，替他保管着，等他回去把定金打过来，你再给他寄回去。信用卡是他不能舍弃的东西，也是你能够把握的东西，一张卡把你跟他的心都牵上了。好像男女朋友，男孩看到另外一个女孩，觉得很有感觉，但又不想放弃多年的感情，不知道如何选择，这时，女朋友突然跟他说，"我怀孕了"，男孩心里马上有了牵挂，选择自然就明朗了。

交易要有仪式感

到了做成本核算（costing）的时候，很多工厂都会选择把形式发票（proforma invoice，PI）用电邮给对方发过去。但电子的东西远不如纸质文件能拿到手里有分量，所以你可以发电邮给他，同时还要将形式发票打印出来寄给他。他手里有一个实物，就会重视起来。另外，形式发票在特殊的情况下，也可以设计一些小花招。

记得有一次交易，因为与客户非常熟悉，我就让他回国后再把定金打给我。可等了三四天，他还是没有打过来。于是，为了推动他一下，我们将形式发票寄给了他，只不过我刻意写错了钱数，少写了700多美元，对方收到发票一看肯定会发现错了，明白了我的用意是在提醒他。他很快汇了定金。但一般爱贪便宜的人也可能将错就错，你等定金到手，再告诉他订单算错了，最后让他照订单上的正确数额补齐就好。

这种小把戏是有风险的，只能作为老朋友之间的一个小游戏，借此推他一把，朋友不会真生气。我不推荐业务员做这种小动作，还是要在真诚的基础上去做事。

签订合同，争取双赢

在国外，生意成交必须经过正式签约这个必不可少的环节，就像每天洗脸、刷牙一样平常。可在国内，签合同似乎变成了一件多余的事，有的工厂老板还在讲究以前哥们义气那一套，两个人说定了就握手成交，之后的操作全靠互相信任。

我认为在合同程序方面国内的工厂需要改进完善。握手成交适合零售业务，比如买一件衣服、一个蛋糕什么的，一张单据就能显示价格、金额和质保信息等。但对于批发业务,一张小单据远远不能满足需要。想要具体规定交易的路径和操作细节,保障双方利益,签订正式合同最合适。

商业发达国家与中国相比更重视合同,这是目前的实际状况。虽然很少会出现因为一点小事就闹上法庭的情况,但签订合同代表了契约精神,增加了双方认同的仪式感,对买家来说也多了一份牵挂。

业务员可以要求签订合同。跟自己的老板说希望做一份合约,跟买家说希望签订一份合同。如果双方都有足够的合作诚意,一般都不会拒绝。

业务员草拟合同时要注意细节上的规定。一般来讲,草拟合同的一方在规定条款时会对自己更有利一点。所以,供货方草拟合同,肯定更侧重保障工厂的利益。如果买家没有说清楚付款的具体日期和形式,业务员可以按照一般行业惯例落实到合同条款里,而买家有时也会要求缩短交货日期等。供货方做合同不会太被动,业务员也有了与买家充分沟通的余地。

这是保障自己利益最切实有效的办法了。这总比你和买家谈了三个小时,拉着他们一通吃喝玩乐,买家说"好,我回去就打钱给你",然后你永远都不知道他什么时候会打货款过来的情况要好得多。

这么多年来,我与数不清的工厂合作过,签订的唯一一份合同是我做按摩椅行业时的专利合同。遗憾的是，工厂没有严格遵守合约。可与没有合同相比，我手里起码还有一份可以跟他们谈判的依据。当然，即使签订了合同，类似的不愉快变故也难以完全避免，更何况没有合同呢？

业务员拟定条款时要把握好"度"，不能对买家太严苛，不然会把客户都吓走了。比如，你如果规定对方不能按时付款就罚款20%，买家也不是傻子，看见这一条肯定直接就不跟你合作了。所以，细节、程序等需要业务员处理得比较周到圆融，但有关收钱的条款要坚持原则、守住底线，把自己的要求清清楚楚地表达出来，不能模棱两可。

邮件销售：线上的舞蹈

业务员经常会收到客户发来的咨询邮件，多数邮件是群发的，只有少数是专门发给公司的高质量邮件。怎样回复才能引起对方注意，从而脱颖而出，真正成交一桩生意呢？

其中还是很有讲究的，如回复的时机、回答的技巧、给出的问题等都要相辅相成。

首先，要看他发给你的邮件有没有针对性。

——有针对性的邮件：

如果邮件是专门发给你们公司的，那么对方就是潜力较大的客户资源。这种邮件除了模板式的提问，一般会附带一些问题，其目的是要你给出解答。回复时，你首先要回答他的问题，一般情况下需要给出报价，其次要附上工厂的信息，吸引他继续与你沟通。还要注意，回复要及时，不能拖延，前三天的互动最为关键。

你发出回复后的第一天如果未收到他的回复，第二天就要跟进一步。要根据他的需求多找一些你觉得对他有用的资料，比如他要壁灯，就给他收集几个款式类似的壁灯的厂家信息，然后再加上你们工厂的图片和细节资料。如果他还没有回复，第三天坚持继续跟进。

无论如何，前三天都要坚持连续跟进。如果第一天、第二天都没收到他的回复，第三天你可以尝试一下其他联系方法，如 QQ、旺旺等。如果他一直没有回复，就做一个客户跟进表记录备忘。

——没有针对性的邮件：

很多时候对话或者发问都要讲究时机。比如你在对方发脾气的时候让他送你礼物几乎是不可能的，但在他很开心的时候让他请你吃饭就会有非常高的成功率。

所以，假如你收到的邮件是没有针对性的，那他很可能是群发了几十、几百、几千份，我们不需要第一时间就回复他，可以等两天再选择上班 1 个小时后的时间回复，效果可能会比立刻回复大很多。为什么呢？因为他在同一天群发了很多邮件出去，多数人会觉得这是商机就立刻做回复，结果，每一个回复都说自己的产品很好，对于价钱、质量说的话也大同小异。这样，客户阅读后可能会懵懵懂懂的，不知道怎么选择，他需要时间梳理比较，甚至懒得马上确定，要拖一下，慢慢思考消化。

过了两天，你给他发送了回复邮件，正好是崭新的一天。他冲好咖啡，坐到座位上看完 Facebook，跟自己的老婆报了平安，说完了一些废话，准备假装做一点工作，好对公司有所交代。这时，你的邮件来了，他立马就看到了，然后记起了这件事情。看到你们公司很符合要求，于是，立马开始着手准备与你们接触。

邮件里的小把戏

有时邮件你没有把握得到他的回复，还可以加一些小把戏进去。

很简单，就像平时我们聊天一样，如果我的话明显背离事实，你就会立刻情不自禁地纠正我、反驳我。如果我对一个女孩子说，你今天穿的衣服不是很搭配，她几乎会立刻跳起来告诉我说，她今天穿的就是成套衣服，服装店就是配套销售的，等等。在微博上看到一条非常不对你胃口的评论，相信你也会忍不住立刻回复驳斥。如果别人的公司明明有50人，明明一年可以买一千个灯，你却认为对方的公司规模很小，估计一年最多买一百个灯之类，他也会忍不住马上反驳你。有时邮件里确实需要加一些这种小心思、小把戏进去，设计一些无伤大雅的小错误、小误解，引起对方纠正你、回复你的兴趣或冲动。

我问你价格，你就只给我一个可接受的报价；我担心质量，你就只会拍着胸脯给我做保证，对话就无法继续下去了。你要充分利用这封邮件，把它们当成种子栽种下去，客户就会与你持续沟通互动。

制造故事性

你邮件的吸引力越大，他就越是有回复你的兴趣。比如约一个女生吃饭，如果我直接邀请："今天晚上一起吃饭好吗？"对方有很大可能会这样回答我："不去了，我忙，我约了人。"为什么？因为我的邀请是直接抛出来的，几乎没有任何吸引力，除非你是潘安再世。邮件又没有外表，那怎么把对方吸引住呢？这时，你不妨制造一些故事性，信息的吸引力会增加很多："我有一个东西要交给你，晚上7点我到＊＊接你吧！"当然，这样说并不能保证百分百搞定，但她的好奇心立马就出来了，会想那段时间有没有空，因为知道你约在哪里，她也不用担心你会把她骗出去卖掉。这些小技巧面对面的互动能用到，邮件一样也可以使用。

你要把邮件当成种子一样栽种下去，不过，仅栽种是不够的，后期还需要养护，浇水、施肥、晒太阳……你要让你们之间的关系持续发展下去。我今天终于约到了女生，玩得很开心，送她回家之后就没有下文了吗？不是的，我还要约明天、后天，直到下个礼拜你还要继续约她，直到她心甘情愿成为你的女友。当然，追到手之后还要考虑关系的维系。抛开后续问题不谈，现在的首要任务是要怎么先搞定对方。

英文邮件回复模板

那么，回复邮件究竟有没有模板可遵循呢？肯定有。不过这里所说的模板不是设定几个固定问题让你把所有客户都往里套的一劳永逸的模板，我也从不建议业务员使用这样的模板。我说的模板是一个模式，有针对性，只要将里面的内容稍加改变，就能变成可以配合不同客户的模板。

比如回复阿里巴巴的询盘。

首先将邮件分类：

1. 模板形式邮件

①例子

  Hi, I'm interested in your product Zhongshan led chandelier lighting modern. LED crystal chandelier AT7031 – 600, I would like some more details.

  I look forward to your reply.

  Regards,

  Luka mikulic

  This Message is from mobile

可以看出，这种是连你的名字都没有写上去的电邮形式，一般这种形式的邮件都是广撒网式的群发。

②例子

  Hi, Megan Huang

  I'm interested in your product AT1002 – 8B led modern lamp for table K9 crystal ball indoor pendant light, I would like some more details.

I look forward to your reply.

Regards,

Andres Garcia

这种电邮形式跟上一种相比,因为加上了你的名字,所以用心程度上更进一步,但看主题内容,仍然是模板式邮件。

面对这两种邮件我们也要认真回复,可以按照以下模板略作修改。

Hello Luka, how are you? Thanks for your interest in our 7031-600. I love to provide you with pricing and details but I don't want to give you just any quotes because different markets have their own requirements. Allow me to have a better understanding to offer you our best price possible, which country and city do you currently operate your business in? Are you more into the distribution/wholesale sector or are you more involved in retail market? What sort of volume are you looking to import in? We have tons of experience with exporting to various countries and I am willing to share my experience, product knowledge and best pricing information to you when I have a little more information.

Thanks again for your enquirers and I will get back to you with all details as soon as I know more.

Regards, Megan Huang

2. 有说明要求的邮件

①例子

Hello! My name is Vladimir. I'm from Russia. I'm engaged in wholesale sales of lamps and chandeliers. I'm interested in your products. How can I get to know more about them? Can you send the catalog and price to your fixtures? I have already brought several containers from China. I'm bringing a new party. I'm interested in table lamps and floor lamps. My e-mail XXX@mail.ru.

②例子

Quantity Need: 5 Piece/Pieces

How much is the last price I will take 5 pic delivered to Saudi Arabia Qatif city

回复：

Hello Vladimir, how are you? Thanks for taking the time to show us your interest in our products. We do have lots of experiences exporting to Russia, what part of the country are you in? I love to provide you with more details via email. We will send you our full catalog as well as pricing information on the quantity you need and allow us to provide a few additional new products which are becoming more popular in the Russian market. If you want to give me your mailing address I'll be glad to send our most updated USD which will contain more new releases of designs and you can have a look as well. Please get back to me once you have a chance to browse through the catalogs and if you have further questions, please do not hesitate to email me back anytime.

Regards, Megan Huang

3. 直接有指定产品的邮件

①例子

Dear Mrs. Tina Deng!

We are LOTOSPARK LLC from Moscow, Russia. We have been importing and wholesaling Lighting products since 2008. Do you have customers in Russia?

Please quote FOB prices for the following products we can view at Ali－baba.com. Please confirm the order quantity for one product under your brand name to get the best price, and the MOQ for each product with our brand name (individual labels and stickers or printing on the white cartons). Totally we are speaking about the order for the full loaded 40' container. What is your standard lead time for the container volume?

AT99002 GU10

AT99003 GU10

AT99007 LED

AT7031 GU10/LED

AT7031－600 LED

AT7018－800 LED

led flush mount ceiling light AX7056－800 ceiling panel light

AX7022－880

AX9027－600

ceiling led lightAT99021.

Best regards,

Dennis XXX,

LLC Lotospark, Purchasing Department

dennisdennisXXX@gmail.com

Skype: dennis.XXX

mob. +7－92698*****

回复:

Dear Dennis, thank you for your inquiry and I'll provide you with all the details you will need. We have experiences with the Russian market and had exported to the country, not particularly to Moscow but we have all the details that the country requires for safety purposes etc. I will attach all the pricings based on our minimum quantity of 30 each but obviously we are flexible on sample orders. Please advise what kind of quantity you are looking at and we will try our best to accommodate, on sample orders of a 40 feet hq we normally suggest our first time buyers to purchase approximately 15 – 20 models at about 10 – 20 ish per design which will add up to approximately 65 cbm. We can definitely do individual packaging and labels of what you request on each of the boxes. Lead time of a container normally takes 3 – 5 weeks depending on the particular designs but since it's your first, we will rush it for you to make it less time – consuming. Attached are all the pricing information for the models you have selected and I have also ncluded a few of our new designs which are also fairly priced for you to consider. Thanks again for your email and I look forward to your reply.

Regards, Megan Huang

4. 所要的产品不明确,询盘内容问 MOQ + 算运费的

Hi Yoyo Tang

Dear Sir/Madam,

We will like to make inquiry on your products, please send us your catalogs and list of quantities, prices, terms of payment warranty and their deliver time. kindly quote to my mail dlxx@ xxxx. ru

Best Regards

David

这种邮件形式也是很明显的撒网式询价，收到这种邮件可以这样处理：

Hello David , thank you for your inquiry and we love to provide you with further information.

Before I do that though, just to get a better understanding of your market I'm going to have you give me a little more information. Are you currently operating as a wholesaler or retailer? What sort of quantity do you require? We have lots of experiences exporting to various countries around the globe and please let me know which countries and cities you operate in and I'll provide you with details including the requirements and criteria which your country may need. As far as payment term goes it's just a common practice of 30 percent deposit at time of ordering and balance to be paid before the product leaves our factory. We have a strong commitment and stand behind our products and as far as warranty goes we offer a full labor and parts of a 1 year term. Please find a list of pricing and details attached and do not hesitate to email me if you have further questions. Thanks again and I look forward to your reply.

Regards, Yoyo Tang

如果你在参加一个展会，正在为不知如何发展客户而发愁，那下面两个模板或许能帮到你。

展会开发信：

Dear XXX, how are you? This is Megan from XXX Lighting in

Guzhen, Zhongshan. Your information came across and I thought I should drop you a few lines and introduce myself and show you some of the products perhaps you may be interested in. We have lots of experience dealing with exporting to various countries and have good knowledge as to what designs may be better selling products in different areas. I'm going to attach a list of our new products and pricing for you in case you might be interested and please do not hesitate to contact us if you have further questions.

Regards, Megan Huang

Dear XXX, this is Megan from ATC Lighting group, we have met at the Hong Kong Lighting fair. How are you? How's the weather in (他的城市) It was such a pleasure and I miss talking to you. Reason for this email is just a quick followup on our last meeting and I want to see if you are ready to put through the first sample order or if you have any additional questions for me? I'm also attaching some more information which includes our new designs and pricing for your consideration. I'm looking forward to our next meetup or phone call and hope to put a sample order together for you. Thanks again for your time and I hope to get your reply soon.

Regards, Megan Huang

这些模板不能照搬照抄，都需要根据客户的情况进行修改，措辞、语气等都要适合特定对象。就像我对所有女孩子都可以说，"哇，你很瘦，很漂亮"，但是我说的时间、地点不同，给她的眼神、给她的表情都不一样，演绎方式不同，感觉效果就完全不一样了。

销售：营销最前线

销售仅仅是营销的一个环节，要想做好销售还需要广告、公关、推广等环节的支持配合，缺一不可。

看到这里，可能很多业务员都会想，这些事情跟自己没关系，这是公司其他部门的工作，是宣传公司的事情。其实不然，销售是实施公司营销策略的最前线，要求业务员步调一致，配合公司策略，主动推广自己。

业务员可以多下一点功夫，收集分析客户资料，更加适应客户需求，进一步扩大销售数量。同时，广泛搜索新的对象，向具有潜力成为客户的目标公司推送自己的信息及产品资料。目标公司也都会进行宣传广告，他们进货也是要销售的。业务员可以根据他们的广告了解他们的需求，有针对性地准备些资料，并直接推送给他们。

很多业务员每天抱着电脑给各类平台、各种地方上传资料，觉得自己已经很主动了。殊不知，一般平台都是被动的，你的上传资料也是"被动"的一部分，要等有人上那个平台搜索到你才行。就像现在的很多宅男，被家里逼着相亲、结婚，于是就在各类婚姻介绍所登记了自己的信息，然后告诉家里自己已经很主动了。其实这还是一种守株待兔，还是在被动地等待，必须等有女孩子主动搜索到你的资料，觉得你还不错，才会联系到你，继而开始一段恋爱。真正的主动不是这样的。你应该抱着一个可以随时随地展示自己的心态，所有地方都可以是你的舞台。你可以到图书馆、书店、酒吧、咖啡馆、服装店、各种展览展会甚至是超市，你可以积极参加各类聚会、各类活动，去主动认识女孩子。业务员也是这样，要主动去研究每一个目标客户，了解了他们的需要，然后给他们推送资料。

上街发传单、拉客户的事情就属于主动营销。发传单不像一般人想象得那么简单，也有很深的学问。有的人什么也不说，把传单塞给你就算完事；有的人会拦住你，求你主动拿一张；有的人会双手递给你，再说一声"谢谢，请您看一下"之类；还有的人会微微鞠躬，再给你一个笑容，然后礼貌地请你看一看。所以，同一件简单的事情，也有主动、被动之分。上面所说的抱着电脑上传资料的业务员，看似很积极，也可能干得很累，但其整个工作过程都是被动的。

要在一个行业里面有所作为，不断进步，就要让行业市场的客户知道你的存在。我现在经常会做一些演讲、访问，或者到各地授课，就是希望起到这样的作用。另外，新媒体的作用现在越来越不可忽视，比如全世界都在用的YouTube、Facebook等，就是受众庞大、传播广泛的手段。有的时候你做一些项目，放几个图片在上面，自己都不知道能传到什么地方，突然就会有人看见，突然就会吸引到一个大客户的老婆的姨妈，然后她就慢慢传到可以成为你大客户的人耳边。所以，要在各类新媒体网络建立公司的官方账号。我们花了很多钱在广播、电视、报刊等媒介上做广告，但效果可能还不如花几百美金在Facebook上做的一个推广。

这也是非常合理的。以前的人习惯了看电视、听收音机、看报纸，可现在的人既不看报纸，不听收音机，也不看电视，而是一天到晚拿着手机刷屏，从起床那一刻开始一直刷到睡觉前，不停地刷；半夜方便时也不忘再刷一遍 Facebook，然后再心满意足地继续睡。所以，营销推广也要踏着时代的节奏，取得事半功倍的效果。

第四章

与客户的那些事儿

  在营销实践中,要真正做好销售工作,仅仅具备了基本知识或行业常识是不够的。要紧紧围绕怎样拉进与买家的关系展开工作,进而搞定一桩交易。当然,也不要以为一味配合、一味讨好就是捷径或可以讨巧了。我们将要介绍的销售技巧都是建立在互相尊重的基础上,业务员要以平等的姿态与买家合作,争取双赢。

  记得刚回国时,我基本上不会说普通话,也根本没有尝试学习的念头。因为那时我完全是"高高在上"的买家心理,觉得自己是厂家的客户,他们必须迁就我的情况,如果不迁就,就不要做这一单生意。随着在中国生活的时间越来越长,自己又做了卖家,我开始慢慢看到很多以前不曾看到的东西,也越来越意识到自己初出茅庐时的肤浅和局限。对销售工作、销售与买家的关系等,我也有了更全面、更深刻的认识和思考。

  这也是我要写这本书的初衷。

  现在,越来越多的外国商人到中国做生意,主要是进货。无论什么行业,都能见到一些"二愣子"一样的外商,他们可能觉得自己是买家,是给钱的,所以心理优势特别明显,对中国的销售人员缺乏最基本的尊重,常常吆五喝六、颐指气使,就像我刚回国时一样。总说"顾客就是上帝",而我们似乎确实被这个所谓的"上帝论"洗脑了,也普遍认为凡是买家都需优待和包容。特别是一些进货量大的外国买家,销售人员真把

他们当成"上帝"一样,抬得高高地供着。

人都是平等的,无论你来自哪个国家、哪个地区、哪个公司、哪个行业、哪个岗位,都不能高人一等。作为每天对客户要笑脸相迎的销售员或业务员,也是在平等交易,进行公平的等价交换,你给我钱,我给你货,双方应该互相友好尊重、平等交流沟通,配合促成交易,仅此而已。无论你是买家还是卖家,认清了这一点,才有真正的共赢。

记得有一次,我带着中国助手乘坐火车。我们拿着两张票去找对号位置,可找到后发现上面已经坐着两个外国人了。其实他们心里很清楚自己是站票,没有座位,但看到我们是中国人,就死皮赖脸地坐着不愿走开。我的助手给他看票号,他还装出看不懂的无辜样子,一副反正我听不懂,你也不能奈我何的表情。我看到后很生气,就用流利的英语要求他们走开,他们一听我懂英语而且说得很地道,才悻悻地走开了。这样的事情发生过太多次,一些外国人总是觉得自己比别人更有特权,即使到了你的地盘,还是一副高高在上的架势。

这也是为什么我要在工作之余去教英文。我教课从来不单单是教语法、教词汇、教说话,以及与外国买家交流的技巧,更多的则是希望把人人平等的理念传递给一线的业务员,教给他们怎样用正确的态度对待买家的知识和技巧，无论买家来自哪个地方。

一个人的努力可能微不足道，但只要我想到了，我都希望自己能尽些力量。

你是中国人，这是你永远改变不了的事实。你可能拿着哪个国家的绿卡、拿着哪个国家的护照，但你还是中国人。所以，现在我从来都不会说自己是加拿大人，不仅是在内地，我在所有的地方别人问我是哪里人，我都会说自己是中国人。你跟别人说你是加拿大人，对方就会想，你长得不像啊。作为中国人多值得骄傲啊，无论在哪个国家，中国人都会受到平等的对待，尽管有些人心里不一定很喜欢你，但是我们的国家强大了，他们必须认同我们，必须面对我们国家在政治、经济、外交、金融、科技、制造、贸易、工程、交通等方面的强大和优势。

所以，我当初决定回国做生意时，并没有打算来往得那么频繁。后来，我每年回来的次数越来越多，最近几年达到一年十几次。是不是每次回来都是有事情处理？其实也不是，我是真的越来越喜欢这个地方，喜欢到不同的城市体验不同生活。所以，不管什么地方，只要有生意做，我就会去，不管是北方、中部还是南方。我想多看看、多学学，懂得祖国的历史和文化，了解中国与世界的关系，以及中国对世界将会有什么贡献。

外国买家的心态

不论是来自哪个国家的买家，只要敢于到异国他乡做外贸，一般都具有很丰富的商业经验。经验就像年轮，记录着他们的商海浮沉，也塑造了他们的职业精神，如处变不惊、不怒自威。面对中国的业务员，他们有时还会故意表现得高深莫测，给人一种"生人勿近"的感觉。那些刚刚毕业或入行不久的业务员如碰到这些老板，底气哪里来？信心哪里来？想做到平等对话确实非常困难。面对面的一瞬间，常用的沟通方法统统失效了，再加上英文对答不熟练，更是信心全无。那怎么销售呢？"这个产品多少钱，给我最好的价格"（"give me the best price"），业务员大致听明白后就只剩下用计算器一次次计算，一步一步降低价格了。明明可以卖到150块钱，只能降到120块钱、100块钱。如果买家还不满意，就继续计算，降到80块钱、70块钱。不仅仅是灯具、按摩椅、头饰等我做过的行业，每一个行业都是如此。这种外国买家我见过的实在太多了，有的时候，甚至在景点买个冰淇淋都能听见他们趾高气扬的声音。

要求便宜一些、再便宜一些、要多便宜有多便宜，可以吗？绝对没问题，业务员为了做成这单生意就不停地降价，直到你满意为止。同样，产品的质量也会不停地下降，直到工厂不亏本为止。可想而知，产品的问题会有多大。这是三岁孩子都能想明白的道理，一个商场老手真的不懂吗？可他们究竟为什么还要无休无止地讨价还价，坚持让业务员降价呢？要想解开这些"老外"的套路，首先就要明白他们的心理。

其实，这些买家来到一个相对陌生的国家，一样会犯怵迷茫。上万家工厂摆在他们面前，每一家都承诺自己是最棒的、是最好的、是最不会出现问题的，可每当把产品运回国，无论厂家曾夸下什么海口，其产品都毫无例外地会发生问题。他们认为，如果自己说话和气、彬彬有礼，会让中国的业务员觉得他们是新手好欺负。慢慢地，这些人习惯了漫天要价，逼着厂家答应很多不合理要求。

我在这方面也碰过不少钉子，亏过钱、赚过钱，也学到过很多经验，都是一步一步慢慢摸索着过来的。记得我第一次到古镇订购灯具，那时还没有阿里巴巴这些渠道，我只能凭着感觉随意逛。奇怪的是，几乎所有门店的业务员见到我问的第一句话都是"老板是哪里人"，当时我并不懂得其中暗藏的玄机，人家问，我就老老实实回答，"我从加拿大过来，买灯回去卖"。我看中了一款灯，问多少钱，他报100块钱。后来，被问的次数太多了，我开始琢磨，慢慢发觉有些不对劲。再有人问我是哪里人，我就说自己是香港做代理的，这时，同一款灯，报价仅仅80块钱。我恍然大悟，于是隔段时间又去同一间店，跟同一个人问同一款灯，这时我用特别流利的粤语说我是广州的，问他这个灯多少钱，他报价才50块钱。

还有一次，我在一家工厂订购了一种传统款式的灯具，但灯头跟北美的规格不一样，于是我提出更换规格。厂家知道，规格是必须解决的问题，于是张口就要加1000块钱。当时我什么都不懂，二话没有马上就说没问题。但后来我才知道，更换规格根本不用加钱，工厂完全有义务帮我换成我需要的规格。

不合理地加钱与现在有些工厂的行为比起来根本是小巫见大巫，我还曾亲眼看见一个朋友收到从国内运回的家具竟然变成一堆石头。

这些都是真实案例。根据国内企业的竞争程度推测，对外销售基本没什么售后服务可言，与国内销售相比根本无法想象。假如你在北京买了一件商品，收货时变成了石头，你还可以回去骂他，因为你知道他在哪里，实在不行你还可以投诉消费者协会。可如果发生在国外就完全是另一个故事版本了。你回头来找他时，会发现他的店面或工厂仿佛"一夜情"的对象一样，人间蒸发了，消失得无影无踪。

正是这些越来越多的负面体验，让外国买家在中国买东西时格外担心。他越担心越不敢表露出来，为了掩饰，只能表现得非常傲慢、盛气凌人，让你觉得他"不好欺负"，不会轻易被你骗到。

摒弃成见，积极沟通

一般的人，包括生意人，都会对去过的地方有一个标签化印象（stereotype），如欧美商人对中国的印象，我们听到最多的是盗版多、假货多、东西脏、质量次，等等。其实，之所以造成这个成见，买家和卖家都有一定责任。

买家总是不考虑制造成本，一味地追求低价，"明明看上去是一样的，为什么他们比你们便宜？你要再便宜一点！"于是，工厂为了拿下订单，不惜降低产品品质。质量的门槛一旦放低，买家拿到的货一定会出现问题，买家会自然地归咎于工厂，找新工厂时就会说旧工厂质量不过关，要求新工厂把质量做好一些。可换了工厂他们还是不愿意出合理的价格，收到的货一样质量有问题。于是，他们除了投诉工厂，还会到处散播他们的一面之词，说中国的产品质量差。可他们没有想过，自己付了一堆垃圾的价格，买到的当然就是垃圾。工厂的底线是要有钱赚，买家出什么价格就做什么东西，只顾眼前利益，牺牲长远市场，也有违市场规则。

这也是很多行业的现状，买家不愿意多出一点钱来买好东西，愿意把东西做好的企业也越来越少。说一个地方的产品差，往往仅归咎于制造者、供货商，很少有买家反思自己，绝对不会说，这个地方东西差，是因为我们不愿意多付钱让他们做研发、提高技术。中国也好，其他国家也好，全世界都是这样。竞争激烈，客户都挑便宜的买。

不过，买家也面临一个现实难题，因为他所在的市场竞争也很激烈，他买好东西多花了钱，而隔壁买家只花了很少的钱买了看上去一样的东西，当他们一起进入市场销售的时候，好东西的定价必然会高一些，花钱少的那家定价必然会低一些，这就导致好东西的市场占有率越来越低，到最后根本难以生存下去。这是一个恶性循环，有人在这种情况下赚钱，有人在这种情况下亏钱，你没有办法改变整个市场，就像我没有办法改变自己以外的任何一个人一样。

买家对此也心知肚明，所以你就直白地让他选一个定位，到底是要好的、差的、很差的，还是特别差的，不同国家、不同的人会有不同的需要，每一个人你都要区别对待。就像面对一个送礼物给你的人、一个不小心踩到你的人和一个故意把你推倒的人一样，你一定会有截然不同的态度。

许多销售员就是这样，所谓"见人说人话，见鬼说鬼话"。

你要特别有弹性、特别圆滑，你的笑容要特别灿烂，让别人觉得跟你合作特别愉快。你讲的话要让对方有信心，又不能夸大其词、虚头巴脑。有的工厂老板开始会跟你说："我们工厂是打算长远发展的，你不用担心我们的产品质量，肯定没有问题，我们做的都是国际市场。你在美国吗？我们很多产品都销到了美国。哦，你在以色列啊，一样的，以色列也卖我们的灯，特别畅销。"但是当你追问他，"你都销到了哪些城市？"他就会说"我忘记了"。

这些人习惯了夸大其词、哗众取宠，见到买家就会说："我们明年会有很大的发展，就要走向全世界了，前景广阔！""我们明年要去香港参展，展位非常大，计划有三四十个工作人员参加，仅展厅的费用就高达70多万人民币！""我们只跟最专业的公司合作，他们都是非常有实力的，每年都要订购我们5000多组灯具。我们的工厂有两三百个工人，还常常忙不过来。""我对我的员工非常好，每天都给他们提供六顿饭，早饭、早午饭、午饭、下午茶、晚饭、夜宵；我还经常请他们看电影、旅游、游泳……"

这样的表达方式，不论真假，都是说的人没有底气，听的人摸不着头脑，可这种老板偏偏大有人在。

其实，同样的话用不同的语气说出来，效果会大大不同。比如，同样一段话这么表达："客户小姐，今年4月我们还会参加香港灯展。去年我们的展厅比较小，今年我们多订了一个。参展筹备工作已经开始了，投入了不少人力物力。每个展厅的投资大概在30多万美金上下，30多个不同环节的负责人已经在为这次展会的设计和细节努力了。我们的很多合作客户一直很支持我们，是我们多年的老朋友了，每年的订货都能保持在15000—20000件。我们工厂一直以长远发展为目标，希望跟客户都能保持长久的合作关系，我们同样希望可以给客户最好的价格、最好的质量，让他们有好的市场竞争力，当他们回到自己的国家、自己

的城市时，可以跟竞争对手进行一场漂亮的竞争！"说话就像唱歌一样，听起来舒服才会有继续跟他聊下去的冲动，而具体内容已经不重要了。在对话里，具体内容的作用可能只占30%的比重，另外70%都是他带给你的那个感觉。可能他说的内容你并不会完全接受，或者接受了，也是左耳朵进右耳多出，记不了多久，但晚上回到家躺在床上，你还是会想起倾听他说话时的舒服感觉。

  卖家的这两种说话方式，第一种最为常见。买家说买家的，卖家说卖家的，两方看着似乎是在对话，实际却是在各说各话，无法称为沟通。没错，业务员的目标就是以最快的速度让买家掏钱出来，都急着把自己的产品介绍给客户。但是，你不能将这些信息直接抛出去，他不想听也不想看。你要放慢节奏跟他聊，虽然他不一定立刻想跟你聊，但是你总有办法吸引他继续跟你聊。等他慢慢感觉舒服了，放下了戒备心，他的潜在需求、真实情况等就聊出来了。等聊得再深入些，他甚至可能会把家里的糟心事、她不喜欢老公的事情都跟你说。时间很短，要做的事很多，关键是要赢得客户的好感。

这是我欣赏的沟通方法，能带动客户自然而然地往前走，迅速建立信任关系。

同样，很多老业务员对买家也会有标签化印象，比如，对光顾的人，常常依据经验直接判断：这个是可以开单的，下一个肯定开不了单。我们经常会随意走进一家零售店，销售员看到你不是外国人，就认为你是进来闲逛、浪费时间的那种人。换一个老外，或者是夫妻俩，或者是年纪大一点的，他就以为是有开单能力的真正顾客。所以，我常常提醒身边的业务员，无论是做批发还是做零售，对待所有客户都要尽量做完套路，尽过力才不会后悔，即使做不到也对得住自己，是对自己的一次锻炼。但是，你不能刚见到人就肯定他不会买，只是进来看看而已，会浪费你的时间，这种做法特别不妥。我们每个人的脑袋里都有这种标签化印象在作祟，这就是成见。看上去很有潜力的一个客户走进来跟你谈生意，不一定能谈得成；一个不像买家的人突然走进来，看上去并不像能帮你开单的，结果反而很快达成订购意向，成交一单生意。谁能给你带来开单机会，你永远不能靠感觉、靠印象就判断出来。

正确对待外国买家

造成外国买家与业务员地位不平等的局面，除了外国买家的心理原因，也有我们自身的主观原因。日常生活中，大家总会有意无意地对外国人过分宽容。

从我经历的一件小事上，或许就能看出这些问题。

一次，我到温州市去找工厂，刚下飞机想坐出租车，就发现候车区挤了很多人，排起了长队。没办法，我只好跟在后面排队。可排了大半个小时，排队的人却一点也没见少，队伍还是那么长，回头看看，我竟然几乎还在队尾。这时我才发现，原来很多人根本都不排队，直接到前边去抢车。更过分的是，我还发现很多外国人，他们完全不管前面在排队，就直接自顾自走过人群，径直站在最前边抢车，对旁边的人随便说几句英语，直接上车就走了。后面那些大叔、大妈，甚至年轻人，都不知道怎么拒绝，甚至连平时"操作最熟练"的骂人都不会了。

排了几次队后我也学会了插队加塞，也做了一两次同样的事。看到前面排着很长的队，我就直接拿着外国护照走到队伍的最前面，那些人一看我拿着外国护照就知道我不是中国人了，我跟他们讲英文他们也听不懂。于是，我一插队就直接过去跟那个人说我赶时间。英文，他可能知道一点但不完全明白，但他知道你要登机，知道你要坐车，知道你要做什么。接着，我会用英文对下一个人说，"不好意思我赶时间"，他不知道你说什么但能意会到你想干什么，他也没有办法说不好，没有办法告诉你他也赶时间，就点点头同意了，甚至还对我释放出善意的、标准的微笑，完全没有意识到我是在利用他，这就是迁就。当然，我的做法肯定是不对的，但是单从方法上看，我就是利用了大环境给予我的优势。尝到一两次甜头以后，我知道这样做是完全可行的，既然你们都不会排队，我干脆也不排了，你用你的方式插队，我也用我的方式加塞。后来，我就能把这个演绎得淋漓尽致了。我相信，这件事如果是一个纯粹的外国人就更容易一些。

这就是中国人普遍过分宽容外国人的情况。无论什么场所，总是对外国人有特别优惠；外国人丢了东西，几个小时就能找回，国人根本不予立案……我们去别的国家，他们不会迁就你的语言，假如你在美国排队，突然边插队边用中文讲，我赶时间我要先走，那很明显不行，但在中国就可以完全被接受。

我从心底相信并遵从社会秩序，但是当身边所有的人都刻意不遵从的时候，我只能用我的方法去应对。我知道，如果我老老实实地站在后边排队，可能永远都排不到我，会一直有人不管不顾地从旁边插进去，这种现象永远无法杜绝。

　　其实，这也反映了一个现实问题，中国人多，比世界任何地方都要多，竞争激烈，无时无刻、无处不是竞争状态。比如买张电影票，我先到应该先买，你后到却要先买，就会吵起来打起来，都是因为人多。人多有好处，但也有坏处。在美国、在加拿大，人们排队都很谦让，两个人同时排队，会争着说"你先请"。开车要左转要右转，在国内都是要抢的，甚至去麦当劳排队买个汉堡都在竞争。其实我相信，国内很多地方都是很文明的，多数人的素质都是很高的，只不过大环境过于残酷，有的时候没有办法，不争先就会落后。

　　一次在上海，我跟一个老外抢出租车，明明是我先拦住的，他却什么都没跟我说就要开门上车。我立刻把门撑住，然后用英语告诉他，去排队。他看到我讲流利的英语有点奇怪，但还是想跟我辩论几句，然后我上了车就头也不回地走了。他那种目中无人的态度，真的让人十分气愤。我们总是缺少气场，压不住他们的气场。比如我们发明了火药的技术，他们拿去做枪炮，我们却拿来做烟花爆竹。直到现在也是这样，国内的服装也好、科技也好，都崇拜国外的，动不动就流行"欧美风"、"日韩风"，等等。但是，你基本看不到他们崇拜我们什么，明明我们深厚的文化底蕴有很多地方都是值得他们学习的。更奇怪的是，我在国外活了三十几年也没有发现多受歧视，不同族群的人都相处得很好。但是，一些人到了中国，就会不自觉地表现出优越感。

　　很多中国人都会觉得外国人素质好，但这并不符合实际。前面我提过，城市越大，人们的崇洋思想似乎越明显，北京、上海等很多一线城市，很容易感受到他们对外地人似有若无的排斥、对外国人的无底线包容。就像现在很多人嘲讽"外国的月亮都比中国的圆,外国的空气都比中国的甜",完全是没有道理的。

双方关系的平衡和调节

万事万物都讲求"平衡"二字,交易自然也是如此。

很多业务员在交易中不自觉地就会把对方捧得太高,尤其是外国买家,那些刚刚毕业以及新入行不到五年的业务员,经验不足,与他们接触不多,不管买家来自哪个国家,一看他们的高姿态,就觉得他们地位很高,把他们捧得太过。

就拿见面握手的礼节来说,我一直秉承平等的原则,你跟我握手,我就回握你;如果你是我非常尊敬的长者或是给我很多教诲的前辈,我可能会伸出双手,不过也仅此而已,不会再夸张了。现在的业务员跟老外握手,无论对方是不是来自日本,甚至还会不自觉地加上日式的鞠躬致敬动作,在欧美客人看来,这就是一个很卑微的动作,把自己放到了一个很低的位置上。

别人跟你握手,正常回握就好,根本用不着点头哈腰。如果客户年龄大一些,资历多一点,态度很谦卑,或他懂得非常多,教了你很多东西,这样的人值得尊重,跟他握手,多伸一只手完全没问题。但是,你不用太夸张,紧张得好像拜神一样,先把自己吓个半死。尊重、礼貌是要有的,但是过分抬高对方、贬低自己是断然不能要的。你要知道,即使跟你谈合作的客户是比尔·盖茨、马云或李嘉诚,你们仍然只是做一个交易、一场交换,凡是交易就一定要建立在平等的基础上。

如果一见面就把自己的姿态放得很低,气场被死死压住,那之后想要转变几乎是不可能的。男女朋友相处是一个道理,如果女朋友很厉害、很强势,男朋友是那种很听话、对方说什么都听的人,两人一直维持女强男弱的状态，那以后想要改变就会非常难。在一段不对等的关系里，弱势的那一方，有时甚至连表示不满的资格都没有。

所以，一个好的开局等于成功了一半，而一段关系能否持久、牢固，很大程度上也取决于两人之间的博弈，势均力敌者方能走到最后。在生意中，有的时候他高一点，有的时候你高一点，都是很正常的，大体上要保持平衡；在相处、沟通、接触中保持住自己的气场和镇定，让他觉得你跟他是在同一个层次上，你才有话讲，才有生意做，才有交易。你气场不够、懂得不多、口齿木讷，他就会觉得自己比你厉害，即使暂时签下了单，不公平的事情也会逐渐出现。

一些客户尤其是经验老到的外国买家自然也明白这个道理，所以常常会在第一次见面时就想给你个"下马威"。遇见这种把自己的姿态摆得很高的老外，业务员也要有恰当的应对方式。假如服务和态度能分等级，从1档到10档，那么，本来你要给他7档的服务，对摆姿态的客户就要降低等级。

这样表达看上去似乎很不好拿捏，但我们常常会不自觉地运用在日常实际生活中，只是没有特别注意而已。如你去买菜，卖菜的阿姨对你特别礼貌，你也会礼貌一些；她态度差一点，你也不会"热脸贴冷屁股"，可能转身就去下一个菜摊了，不知不觉中你就能将双方的关系平衡起来。生意中是完全一样的。

但把握平衡不是让你骂他，让你连基本的尊重都丢掉，只是让你在本来应做到的态度上减少一点点，或者凭着自己的功夫、自己的能力，把他的态度从4档提到7档。转变对方的态度不是所有人都能做到的，但只要功夫够、套路多，又不失真诚、真心，把握好每一个细节，你就可以做到。比如，开门这个简单的动作就可以在你的把控中改变对方的态度。一般情况下，假如你的客户是一位长者或者女士，那在他们进出门时，业务员帮忙开门让他们先过是一种基本的礼貌和尊重，是很正常的。如果对方一见面态度就非常嚣张，把姿态摆得非常高，你也要有基本的尊重，还是要帮他们开门，但这时，你要先进门，让他们跟在你的后面，给他们一个心理暗示，让他明白开门是尊重，但并不意味着谁就比谁高一等。

我在上海的工厂就看到过这样的情景。一个三四十岁的男客户跟一个二十岁左右的女业务员一起出门，客户走得很快，三步两步就到了门口，却迟迟不开门出去，一直插着口袋冷漠地站在那儿等业务员给他开门。那个小女孩手里拿着笔记本、文件夹等一堆东西，急匆匆地跑在后面，到了门口还要艰难地帮客户开门。且不说男士本来就应该帮女士开门，即便是陌生人，看到后面的人手上堆满了东西也应该帮一把手，这显然就是对业务员的不尊重。

这种从思想上就觉得自己了不起，给他暗示后仍然不端正态度的人，你就要直截了当地提醒他。比如对方一到店里就趾高气扬地让你算价格，你说什么都听不进去，你就可以对他说："今天外面很热，你等等，我先给你倒一杯水，然后再慢慢帮你算价格。但是如果你很着急的话，我现在没法给你，你可以先回去，我们改天再谈。""如果您觉得不合适不想谈了，没关系。但是你这么着急，对不起，我帮不了你。"

与这样的客户之间要留一些空间，走开一点；或者在他说话、不停骂人的时候，礼貌性地打断他，一盆冷水浇下去，打断他嚣张的气场。当然，女孩子的"装可怜"有时候也有一定的作用。

摆正位置，平等对话

面对我们业务员无条件地信奉"顾客就是上帝论"，习惯性地把自己的地位放得很卑微的现状，是时候下决心做出一些改变了。

无论是哪个行业，无论是做批发还是零售，除了反复练习，提高自己的业务水平，增加自己的底气，业务员也要打心底自信起来，增强心理素质，不卑不亢。不能觉得客户骂你是正常的，要知道，这只是一个交易、一个学习过程，我们要摆正自己的位置，告诉自己，我们需要平等对话。

平时，跟客户谈生意谈得晚了，一起吃个饭没问题；每逢节假日，给客户一句问候、一个小礼物没问题；为了成功签单迎合客户的喜好，让他信任你也没问题，但是一定要把握好一个度。吃便饭不等于吃喝玩乐"一条龙"服务，问候不等于短信轰炸，迎合喜好不等于"抱大腿""拍马屁"，这些"过分行为"我们统统都要扔掉。

做人最怕的就是没有立场、没有底线，做销售也一样。如果你没有基本的立场、基本的底线，只是一味地迁就客户，他们会更不信任你。不是一定让你去跟客户争得脸红脖子粗，但是你的坚持反而会让对方放心，让对方知道你很尽职尽责，才会有跟你继续交易下去的愿望。客户跟你接触的过程中，除了想找到一个能长期合作的原因外，他还要觉得舒服，要愿意相信你的能力。

总之，以传统的模式去做销售，是很难成功的。

报价的准备和时机

前面一直在说，买家刚开始与我们接触时，一般会先问价格。业务员如果立即直接回应，就落入了下乘的路子，失败基本是必然的。我们应该先把他带出价格的误区或局限，首先把你们产品的优势、服务的优势展现给他。

那什么时候才能谈价格呢？要在他准备好的前提下才能报价。

这里所说的准备不仅是指他心理上的准备，还包括他有没有准备好支付定金或货款。业务员走完了套路，他比较全面地了解了你们的产品、服务、售后等，是心理上的准备。现在可以签单、可以给定金了，那就可以开始谈价格了。仅仅凭他一张嘴告诉你现在可以签单，你怎么敢相信？因为你给他备货需要付出定金等，相应地就需要他预付定金或支付一些货款，才能证明他的诚意。如果货不对板不符合他的要求，或觉得产品有问题，不要紧，先把问题解决再谈价格。

如果这些问题没有解决，你连买家真正的需求和意愿都不了解，怎么谈价格？

所以说，一定要在他做好了各方面的准备、准备掏钱的时候才能谈价格。假如这一刻客户问你"450块钱行不行"，你要马上反问他："你是现在买吗？确定好没有？不然我问老板，老板会骂我的。"虽然老板不一定会骂你，但你一定要跟客户这样表达，让他明白，没有准备好，就不要浪费时间。

一般人假如不是真的想买，在你这么问的时候，他就会用"我先看看"之类的话搪塞过去。当然，肯定也有买家跟你说"没问题"后结果还是走了人的情况。但给予你肯定答复的人，在价位基本达到他的理想后，一般就会下单了。不单是因为你说"老板会骂你"会激起他一点点怜悯之心，还有他自己的面子问题。

还有一些客户会突然在付钱之前冒出无数新问题。人都有这个心理，没有掏钱的时候什么都无所谓，真要掏钱时就会产生很多顾虑，会不放心，不想当时付钱，给自己留下后退的空间。这也是人之常情，刀不架在自己脖子上永远不知道疼。

出现这种情况归根结底还是业务员的工作没有做到位，没有给予他足够的信心。就像男人向女人求婚一样，问一句"你愿意嫁给我吗"，女人对这个问题的答案从来不是在男人说出口的那一刻临时思考决定的，她的内心早就有了答案。你之前对她的迁就、包容、疼惜等，点点滴滴都累积在她的心里。当你问出这句话向她求婚的这一刻，她几乎不用任何思考就会答应你。你想找女朋友，肯定不会在马路上随便看见一个女孩子就走上前去问"你能不能做我女朋友"，你这样问一万个女孩子就会遭到一万次拒绝。你总得下很多功夫、花很多心思、说很多甜言蜜语、做很多打动她的事，等等，才能吸引住她。然后在适当的时机，把手一牵就搞定了。所以，业务员最少也要把对方的4个问题解答出来，让他安心，让他觉得你是靠谱的。即便以后发生问题，再找你解决，也对你有信心，相信你能够解决。只要他愿意相信你，那他就愿意随时为你掏钱，随时为你准备着。

谁是买家的决策者

相信很多业务员都遇到过这种令人沮丧的情况：一个男顾客走进店里，看上去对你的产品非常感兴趣，你费了很大力气，花了很多小心思，说得口干舌燥，终于有些打动他了。结果，他的老婆突然走进来，一句"不喜欢，不买了"，你所有的努力就全部付诸东流。你不仅没做成这笔生意，回头一看，午饭也凉了，绝望感瞬时涌塞心头……

跟老板谈好的生意，老板娘却不给钱；孩子舍不得放手的玩具，妈妈却不给买；给美女推荐化妆品，老公却嫌没用……俄国人说，"幸福的人都一样，不幸的人各有各的不幸"，成交的结果都一样，就是把钱收到口袋里；失败的生意千千万，但各有各的理由。身为业务员，这样的挫折肯定见得太多太多了。

生意失败的一个重要原因，是你没有找准买家的决策者。如果观察到决策者没有到场，你就应该"留力"，不要将自己的招数悉数用出，留一些"大招"给决策者。这是交易中非常重要的一点。

我以前常去一个工厂，在那里碰见过一个来这个工厂收钱的业务员，是一个小姑娘。双方老板已经签好合同，确定了实施步骤和细节，现在到了收钱这个节骨眼上。但是,这边工厂的老板娘突然反悔了,就是不愿意掏钱。小姑娘不声不响,静静坐在老板娘身边,有些尴尬,老板也很尴尬,气氛有些紧张。我心想:业务员遇上这种事,这个交易就可能泡汤了。

安静了十几分钟后,小姑娘突然开口问道:"姐,您有个女儿吧?"老板娘听到这句话有些莫名其妙,冷淡地"嗯"了一声,但脸色明显因为对方提到女儿而柔和了不少。小姑娘接着说:"姐,我看您办公室里挂了这么多画,都是女儿画的吧,她多大了?是学画画的吧?画得好漂亮!"

原来,老板娘的办公室里挂了很多画,这些画笔触稚嫩,一看就是出自学生之手。想想看,这些明显不成熟而能被珍惜收藏的作品,大概只有自家孩子的"大作"了。

听到别人对女儿的夸赞,老板娘显然非常开心,骄傲地说了句:"14岁了。"

"要考高中了吗?我妹妹也是学美术的,她现在在××中学。"

"是吗?我女儿也想考这个中学。这个学校怎么样?"

听到这里,我知道这个业务员完全没问题了,局面已经进入她的掌控了。果然,最后他们聊得不但热烈而且愉快,老板娘也顺利地付了款。

这个案例有一些运气的成分,但也充分说明了找不对决策者是一件多么危险的事。这个业务员随机应变的能力非常好,她善于观察,懂得分对象,知道孩子是母亲的软肋,从这个点切入几乎可以无往不胜。另外,她与老板显然未聊过孩子的话题,还没用过这招"温情攻势",全新的招数往往能产生非常大的能量。

所以,一定要找对、找准决策者,不然,不管你的功夫有多好,你也打不赢。

你对着一个6岁的孩子推销玩具,即使你说得天花乱坠,孩子喜欢

得不放手,但是,只要妈妈说不买,一切都没有用。从妈妈进来的那一瞬间开始,你的客户就不再只是一个孩子那么简单了,推销对象就变成了两个人。你要做到让孩子喜欢,也让妈妈喜欢,留点功夫在妈妈身上,找到她的"点",直接推销到她心里去。

这种功夫不论是对大客户还是对小客户,不论是大生意还是小生意,都是必需的。道理听起来似乎很简单,但需要你学会观察人、理解人,深入到人的内心,这要在平日的生活实践中积累经验。

搞定买家的"参谋"

相信很多人买东西都有一个习惯,就是总喜欢拉一个"参谋"跟你一起去,看上的东西一定要他点头才能下决心掏钱买下。在这种情况下,对于业务员来说,这个站在他旁边的"参谋"就是这笔交易的关键人物。

——"这件衣服好不好看?我觉得还挺时尚的。"

"我觉得不好看,显得你腰粗屁股大,走吧。"

——"这件是不是不如刚才那件好看?"

"我觉得特别适合你,是今天最合适的一件。"

"是吗,那就要这个吧!"

有时,"参谋"的一句话就能决定生意的成败,比业务员的一百句话都有用,我们的生活中也有无数的事情都是因为旁边朋友的几句话而有了不同的结果。

做生意、谈业务也是这个道理。业务员在跟买家沟通的时候,可以适当地打打"太极",选择做个临时观众,先观察一下,等着比你说话更有用的人出现。那时,你的最终目标虽然还是买家,但更重要的是,需要先搞定他的朋友、他的"参谋"。

这种案例我们也经历过多次。没有人会无缘无故地勾起买家的购物欲,这就需要业务员来推波助澜,调动旁边的"参谋"来帮忙。跟夫妻两人一起购物不一样,夫妻的利益是共同的,但是买家与朋友没有共同利益,只是一个陪伴者,所以很多时候,他对你的招数并不会有意抵触或抗拒。

客户还是"间谍"?

一些业务员经常会有这样的顾虑:来询价的客户究竟是真正的客户还是打着幌子的"间谍"?会不会只是来抄我们款式或者打探我们底价的对手?怎么确定他是否真心实意地想与我们合作?怎么才能避免费力搞定的客户最终不是真正客户的窘境?

我们曾经有一个客户就是千里迢迢地从国外过来,结果只买了仅仅40套灯具。像他这种情况一般有两种原因:一种是他刚刚开始做,还不熟悉;另一种是他只是来拿你的资料,或者是来探底的。当买家订货特别少时,你就要看他对自己国家或者要出口国家的规格要求是不是很了解,谈话是否很专业。如果显得很外行,经验很少,那一般是刚入行的新手。如果他对行业情况都很熟悉,只是订货量特别少,问你问题也不够细致,那他就有很大概率是来"探底"的。遇见这种情况你可以选择卖也可以选择不卖。你要留意他的市场在哪里,假如你的市场跟他一样,是针对一个相同的地方,哪怕在同一个城市里,有影响市场的可能,那就要仔细思考卖还是不卖。卖给他以后,他就可能侵占你的市场,抢夺你的客户。

如果他对你并不构成影响,那就选择卖。因为他即使不是真的客户,也不会傻到来工厂谈这么久,费这么大功夫。不管他现在是跟别的工厂合作还是怎么样,如果他觉得你的产品好,对你的印象也好,有意向与你们工厂长期合作,你可以考虑建议他下一个小订单试一试。总之,想尽办法收钱,即使小订单也不能放过,即使他不是抱着下单的心态来的,也可以用你的能力把他变成你的客户。

以退为进

我们作为买家买东西时，不管是零售还是批发，常会听到"你回去考虑一下"这句话。其实，这里面包含着一种常用的销售套路——以退为进。买家常会掉入这个套路，然后不自觉地被牵着鼻子走。

这个套路通常用在成交之前。当你的"小花招"基本用完、各种功夫已经做到家，知道买家很喜欢，在他犹犹豫豫下不了最后决定时，这句话往往能起到"临门一脚"的作用，还能保证价格不会被压低。这句话一般不单独使用，后面常常需要跟上几句："没关系，你可以去别家比较一下，你就会发现我们的产品是最好的，我们的服务是最周到的，我有这个信心。""我们不急，我们的货也不充裕，你多走走多看看。"

买家听到这些话，看到你自信笃定的态度，一般会有下意识的紧迫感，感觉是自己多虑了，如果不赶紧下单，可能会延误发货时间。

其实，业务员说这句话的时候心里也在着急，他们不愿意甚至害怕买家离开，因为竞争对手太多了，买家一出门，就很可能回不来了，成交的概率就一下子降低了。当场签单是业务员最渴望的结果，"回去考虑一下"说得过早，效果会适得其反。所以，功夫要下足，铺垫要扎实。

"以退为进"通常还会搭配些辅助性技巧，如"旁敲侧击"等。

比如，业务员可以准备一些用过的或失效的订单，必要的时候拿给买家看可以公开的部分条款，告诉他有这么多人下单，价格是什么水平，让买家了解你的产品目前供不应求的情况，为交易再添一把火。不过，订单不能夸张，假的只会起反作用。你也可以让客户观摩你们正在运作的业务情况，比如回应客户的电话催货："你放心，你订的那230个灯今早已经发运了，一周左右你就能收到。"买家看到你们工作规范有序、服务周到细心，就能更加放心，有利于他更快地决定下单。

有时，在接近成交的最后一刻，买家可能还会砍一下价，其实他只是想占一点点便宜，增加一点成功的喜悦而已。业务员这时一般会满足买家占便宜的心理，但千万不能操之过急，要沉得住气。因为你越快答应他，他反而会越怀疑，觉得你的价位还是虚高的，自己没有砍到位。所以，让步前要请示上司或老板，告诉买家，价格已经很低了，他的要求你不能自己做主。请示前要与客户做最后确认："你今天能不能确定下来？能确定的话我就向经理申请了。"等买家确认后，再当着买家的面向老板请示："经理，我这里有一个客户订了多少货，想把价格打个多少折，可以的话，他今天就能签单并支付订金。"

所有的套路都是辅助手段，业务员要努力增进客户对你公司及其产品、服务的了解，赢得他们的充分信任，这也是建立长期合作关系的基础。国内的供应商在面对外国买家的时候，要注意维护中国制造的质量形象，不能以一味退让、牺牲长远利益为代价换来暂时的蝇头小利。

应对难题，耐心化解

明知道一些话对方很难接受，可又不得不说，这种犯难的事情不仅发生在业务活动中，也经常出现在日常生活里。所以，怎样表达才能让对方更容易接受一点，或减少发生冲突的可能性，就成了一种技巧。

总的来说，希望对方不要带着情绪回复你，行之有效、我们也不自觉中常用的方法是先拉近关系，找一个对方更关注的事情来转移他的注意力。

有时候我的讲话、观念、办法等，可能得不到你的完全认同，分歧较大，就会用另外一个说法来比对它，把它盖住。我知道你不会完全赞成，但我也必须告诉你。我不想你马上回复我，就会通过其他话题来分散你的注意力，让你不能从容回答与思考。

比如我想告诉老婆，礼拜六晚上我计划带儿子出去玩。我知道跟老婆直接说，她一定不会同意，没准还会大动干戈，我就会说："老婆，这个礼拜六晚上我想带儿子出去玩。对了，你刚才做的菜好像有一点儿咸了，你要不要尝一下？"传递的信息多了一个，她就很容易失去本应关注的重点，所以，她最直接的反应是先应对当下需要立即解决或需弄明白的问题，马上就想弄明白她做的菜为什么咸了。

也许吃过饭或过一两个小时后，她才会把我计划周六晚上带儿子出去玩的事情拿出来说，但这时她想立即反驳的情绪已经消减了，下意识里已经差不多接受了。即使可能还不同意，但已经没有那么多情绪了。这时，你可以慢慢解释给她听，也可以过一两天再提出来商量，也许她突然就接受了。有时候她即使不愿接受，但只要情绪稳定下来，就更容易选择宽容。一般人都是在刚听到为难的事情时，情绪最不稳定。

每个人在日常生活里都会碰到这类事情，但是，你能把化解的方法应用到销售业务活动中，就不是很容易。

我亲历的一个简单案例是这样的：有个工程报价，业务员算错了，本应该是30万，但少算了七八千，并且已报给了客户，客户也按报价完成了汇款程序。业务员现在就陷入了让客户补款的窘境。虽然钱不多，对客户来说也没有很大的差别，但毕竟是业务员的失误，他或许接受或许不接受。这时，这个业务员该怎么向客户解释呢？当时，他非常为难，一直不知道该怎么面对客户，就希望我出面处理。虽然这个客户不是我联系的，对他的了解也几乎为零，报错价也是个比较严重的问题，但我只能硬着头皮接下来。

从联系到那个客户，到跟他熟悉，我用了两天时间。我没有马上给他打个电话，直接告诉他那个工程报价业务员算错了，需要补交，而是先用一点时间跟他接触熟悉，拉近彼此距离，再提起这件事。所以，我首先打了第一个电话给他："不好意思，我前一阵子在外边办事，没能抽出时间跟你见个面。但是，我很高兴有机会跟你合作，我也看到以前的东西都做得特别好，我们的合作也一直很愉快。"这第一通电话让他知道了我的身份，也让他不再排斥我。第二天、第三天我又打电话过去，开始让他喜欢我、接受我。建立了较紧密的关系之后，下一次电话就很简单了，我直接跟他说："对不起，我刚看到我们业务员的报价，算错了一点儿，应该是31.5万，他们算成了30万。"

虽然整件事情比较复杂，但在跟客户谈的时候，要简单地一带而过，千万不要纠缠预算出错的细节，细到什么环节怎么出的错。可以立即跟他协商其他事情，转移一下他的关注焦点："那款灯也有个别的地方可以改进，你需不需要？"这时，他就要同时面对两个问题。一般人都容易把后面的问题、当下要解决的问题看得重一点，前面的会稍微忽略一点。他也一样，我们先讲灯具改进的问题，等这个讲完了，过了一阵子，他才会意识到价格变动、突然加价肯定不行，但再过一阵子他就又模糊了。我也不再提起，让这个问题有一段悬而不决的冷却时间。等确认了客户的态度后，我就需要换个说法了。比如，提个建议供他考虑：要不我们负担一半，你们负担一半？毕竟是我们出的错。这样的处理办法更圆滑、更好听，客户也愿意考虑。他也知道自己的这单生意我们公司没有很多利润，就接受了建议，负担一半7500元，并及时转账支付给了我们公司。这样一来，公司并没有亏一分钱，因为开始的时候我特意把钱数说成15000元，给后面我们提出的负担一半的方案留下了余地。

这跟买菜一个道理，只不过变成了一个稍大点的生意。其实我们大小生意都在做，办法是相通的。但这种方法不是每一次都有效，我之所以能解决上面报错价的问题，也有这个差额所占总价的比例不大、对客户关系不大的原因。很多难题需要业务员根据实际情况灵活处理，在实践中去摸索化解办法，并逐步提升自己解决问题、应对难题的能力和水平。

销售策略和技巧蕴涵着许多心理学原理，日常生活中也经常使用。假如我没有提前三天跟他联系，没有拉近我们的距离，他对我缺乏基本的信任，也没有建立跟我熟悉的意识，我一打电话过去就说，"我是老板，你这个价格业务员给算错了，还差七八千需要你补上"，效果就会完全不一样，估计到最后也很难追回这个差额。我开始做的时候，也不知道会不会成功，但我知道直接打过去要钱肯定不行。所以，我先通过两三天的时间，把一个陌生人的关系拉近了一点，然后再找机会说服他。

打消买家的顾虑

如果你是工厂，我是做零售的代理商，那么很多时候我们都会涉及这个问题。我会问你："有没有做过 X 市的市场？"这时你肯定做足了准备工作，知道我所在的城市有哪些比较大的商家，即使他们没有向你订过货，你也会假装地说："我们给他们供过货，他们拿过这款、那款等很多型号的产品。"

买家有时也会很矛盾，一方面，他想知道工厂有没有做过他们这个市场，有没有相关经验，懂不懂市场的需求和要求的规格；另一方面，他又怕工厂做过很多同类型产品，卖给同行的东西会与自己同质化，构成直接竞争。所以，听到你的回答，他在稍感放心的同时也会有些担心，怕同行跟他的拿货周期一样，怕同一款货卖给他的同时也卖给了他的竞争对手。所以，遇到这种情况，我们一般都会主动告诉他："他们拿的那款货，我们不会卖给你；你拿的那款货，我们也同样不会卖给他。"

为了让客户放心订货，我们要明确解释。可能你说了这些话后，对方还是半信半疑，那就采取进一步的措施让他放心。比如，签订书面协议，注明卖给他的那款货不会卖给其他公司，特别是距离他较近的公司。这种办法，满足了他希望在一定范围内专卖的心理，他会感觉这是工厂专门为他制定的解决方案。

可厂家真能做到专品专卖吗？不一定。虽然大家都会尽量遵守承诺，但也要看买家的订货数量和销售速度。如果一段时间内他没有把专卖的产品卖起来，销售惨淡，那就说明他没有利用好厂家给他的优惠，那厂家也不能死等他的订货。如果恰巧有别的公司下了更大的订单，比如数量多了几倍，厂家就不可能继续保留专卖的优惠。这时，厂家就要做好沟通解释工作，取得销售惨淡的那个买家的谅解和首肯。当然，厂家也要想办法变通。比如在细节、规格、型号上稍加改动，尽量做到大体一致又有所差异，再提供给订货量大的买家。这样做，既保证了厂家的利益和履约的声誉不受损害，又避免了两个商家可能发生的恶性竞争。

很多小事情都会影响长期的合作关系，但是我们都知道，没有一件事情是绝对完美的。假如所有的方面你做得都很好，只有一个方面有一点点差错，或者有一点点踩线、打擦边球，那合作方也不会直接终止跟你的合作关系。我们除了要加强沟通取得谅解，也要学会变通之道，尽量避免损害任何一方的利益。

发生这种情况业务员就要学会权衡利弊。如果一个买家所订产品大多数款型都卖得很好，你仅仅把他卖得不好的款型的专卖权协商取消就可以了。或者改款类似产品由另一家销售确实影响到了他的市场，那下一批次你停止新买家订货也就可以了，总得有个试错的过程。假如对方真的生气了，你要诚恳地多做解释沟通，争取继续合作关系，总比重新找一个合作方省劲。对方一般也是同样的心理，经过这么一个回合，他也会反思自己为什么没有好好利用厂家给予的专卖优势，何况厂家也做了解释和补救，最大的可能也是选择继续合作，即使厂家收回了一些优惠条件，他们也会慢慢习惯的。

在买家身上发现真正的需要

经常有业务员抱怨说，自己跟客户聊了很久，用尽了浑身解数，对客户也有了基本的了解，但仍然打不开他的心扉。这时，你可能需要暂停一下，静下心来分析分析这个人了。他是什么性格？他有没有什么是特别感兴趣的？身上有没有什么东西可以当作突破口？同时，也要琢磨一下，自己的产品究竟能满足他的什么需求，解决他的什么问题。

刚开始做按摩椅的时候，我们也碰过不少钉子。平心而论，按摩椅属于非生活必需品，真的很难卖。一个人进来，永远都是抱着随便看看的心态，几乎没有人抱着"这两天我缺一台按摩椅一定要买一台"的想法就立刻下单的。95%的人都是经过时顺便进来坐一坐、试一试而已，剩下5%目的明确的都是销售已经搞定的，你几乎什么都不需要做他就会买了。在这种情况下，你要把销售百分比做到70%—80%，难度相当高。那时，我们基本上每25分钟就要接待一个顾客，一进来就是"你好、你需要什么、这几款哪里有什么差别、你试坐一下、这款是有气囊的、可以帮你什么……"一通介绍。

我前面说过，介绍产品是销售工作最容易的部分，之后你就要开始说服他购买了。因为按摩椅的功用是针对身体健康的，一般业务员就围绕着"使用按摩椅对你的健康有多么大的帮助、有多么大的好处"来劝说顾客购买，也就是说，推销模式容易被产品的功能及其对购买者的作用所局限。

而且，即使你以产品的功能和作用为重点来做推销，也要通过与顾客的互动，找准不同顾客的不同需求，就是说要找到妨碍顾客掏钱的最重要的那一点来做工作。比如说，又进来一位50多岁的顾客，你在给他介绍了物理功用之后，发现他还不能下决心，就不妨轻描淡写地加上一句:"昨天一位出租车司机试过后觉得效果不错,直接就拉走了一台",有了出租车司机这个特殊职业人物的体验,你对产品功能的介绍才算落到实处,顾客对产品的作用才会真正相信,基本上就算搞定了。

其实很多时候,你看起来理所当然的销售模式或推广策略并不是不能改变。一件产品除了物理功能,还有心理功能和社会功能,等等。比如,按摩椅的卖点是健康、舒适,但很多顾客决定购买的真正原因是新鲜感和满足感。再比如,一些奢侈品并不比同类商品更好用,但可以满足人们追逐时尚、跟风攀比、炫富玩酷等需要,照样能卖火。打环保牌的产品可以突出购买者的社会责任心,义卖产品能衬托购出买者的善良形象,等等。所以,你仅仅简单地拿身体健康说事,就不会打动他。而且,按摩椅的消费群体是40—60岁的中老年人,他们阅历丰富,不像小女孩买衣服,你一句"你穿起来好漂亮啊"就能搞定。

还记得有一次,我接待了一个日本客户,那是一个60多岁很温柔慈祥的老太太。本以为肯定能很顺利地签下这单,谁知聊了半个多小时,我已经说得口干舌燥她还是犹犹豫豫,说要回去问老公。业务员应该都知道,一个顾客如果犹豫地要回去问老公、问老爸、问儿子,然后你放他走了，那他基本永远都不会再跟你见面了，客户只要离开你的视线范围，90%都不会再出现，除非奇迹出现或者幸运女神眷顾。所以你不能抱着他可能会回来的希望祈祷上帝，因为你今天就要吃饭，要生活，你不可能等他回来再吃饭，能今天靠努力赚来的钱，一定不能拖到明天。

于是，当她说要回家问老公时，我就抓住了她对老公的信任之心，立刻回应他说，老公一定会支持你买一个，昨天就有一位老先生为自己的夫人订了一台，让我们明天送过去作为夫人的生日礼物呢。这句话作用有两个：一是激起老太太的好胜心，别人是老公给买，我给自己买还要征得老公的同意，面子上过不去；二是攀比心，别人能有我为什么不能有？老太太一听，马上说："那就不麻烦我老公了，我现在就买下来，拜托你们也给我送到家里去。"

当客户交钱之后，业务员还要注意转移话题，有些东西能不说就不说，尽量不让他回想，不给他后悔的机会。

业务员就是演员。商场上，很多时候为了成功我们都不得不现场编写台词，但前提一定是要对顾客真心实意。

勇于尝试，永不放弃

我有一个做网站的朋友J，他每天都要见很多不同的客户。J跟我说，他曾见过一个出了名难搞定的客户，公司里几乎所有的同事都约不到他，即使约到了也就闲聊几句，不会下单。"他们都让我不要在他身上浪费时间，我很奇怪，可我还是不愿意没做之前就直接放弃。所以，尽管他们都劝我不要浪费时间，我还是愿意尝试一下。"

J约了很久很多次之后才终于约到那个客户。他很激动，振奋精神准时赴约。谁知见面之后，J正准备随便聊聊，客户一上来就给他一个下马威："我不会给你下单，你别白费力气了。"J听后还是装作若无其事的样子，云淡风轻地说："没关系，咱们就随便聊聊，反正我下午也没有别的事情。"然后，他开始找各种话题，渐渐地他们开始聊起生意、聊起网站、聊起生意中印象比较深的事，又聊到他不给 J 公司下单的原因只是他们公司已经没有钱做推广了，他们正在经历非常艰难的阶段。总之，整个下午他们都聊得很真诚、很融洽。

"后来话题又转到了我身上。他说你们这些业务员确确实实很不容易，每天都要见不同的客户、说不同的话。然后问我是哪里人、父母是做什么的，结果说着说着竟然发现他跟我父亲是认识的。后来他问我父亲这些年怎么样，我说父亲已经过世了。他很遗憾也很唏嘘，对我讲话的态度也不知不觉中改变了。

"之后我就经常去找他聊天，他看着我这么有诚意，又觉得我一个人这么打拼实在辛苦，就真的给我下了单。"

这个例子是客户对 J 产生了怜爱、提掖之心，也是被 J 的真诚所打动。很多时候，如果一件事你不坚持做完，你都不知道自己的潜力有多大，不相信自己原来是可以做到的。你的身边有无数人对你说不可能，如果你也认为不可能，随着身边的人说不可能，逃避那些你本可以去尝试、去努力的事情，那你肯定就不会获得大的成功。

理解客户心理

业务员需要理解客户的心理，看穿对方的心思。拥有了这个能力，做起事来就会舒服很多、得心应手很多。

所有人都喜欢讲自己的事，没有人愿意让别人当主角。从小到大，我们每天听到最多的一个字就是"我"。所以，做业务员就要意识到这一点，把别人看得重一点、多一点，永远让对方比自己说得多，把说话的机会留给别人。你要让对方多讲话，讲他们喜欢的东西，然后适时合理地问他几个问题，这样你就可以多了解一些、多学习一些、多吸收一些。同时，对方肯给你这个机会，你就能很便捷、很容易地收集到更多信息用来分析，提高判断的准确性，抓准对方的痛点。

这些道理都是心理学常识，没有多高深、多神秘，只要你多留意，就不难理解客户的心态。你只留意自己，永远觉得自己是"男一号"、"女一号"，那你永远也不会理解别人。

不过，J的故事还没完。虽然签下了单，最难的却是收钱。当时，那个公司正值困难时期，连工资都发不下来，很多员工看到J去收钱都诧异地说："我们工资都没的发，你还来收钱？"最后，虽然经历了许多小波折，如老板娘不愿意给钱等，但他最后还是成功收到了款。

这种事也不难理解。举个例子，假如我欠小李1000块钱，欠小王1500块钱。这时，我突然拿到1300块钱，我要怎么还钱？相信很少有人会选择还小李500块钱，还小王800块钱，自己一分不留。至少我会选择先把小李的1000块钱还清，欠小王的1500块钱再往后拖一拖。因为还清小李的1000块钱，就圆满地结束了一桩事情，心里的一个包袱就整个卸下了，而且自己还能剩下300块钱。相反，还了小李500块钱，还了小王800块钱后，不仅两桩事情都没得到彻底的解决，自己还两手空空，一点钱也剩不下。

这个老板在这种情况下，不会平白无故地把钱付给J，他一定做了很多思想斗争，经过了深思熟虑。很可能他手里的钱确实不够给工人发工资的，他正在纠结是先发给谁还是只发一部分。这时正好J去了，他手里的钱正好可以解决J的订单，且还能有些结余，于是就干脆不发工资，先把J给彻底打发了。

我十分理解这种心态，因为我也经历过类似的事情。

客户爱占便宜怎么办？

一次，一个工厂的老板娘向我倾诉了这么一件事。

"之前跟一个客户谈合作，价格、合作细节都谈妥了，但是他还总觉得自己没占到便宜，总觉得不满足。他看到我桌子上有一支笔，就一定要我送给他。我明确告诉他，这是我老公送给我的结婚纪念日礼物，对我是有纪念意义的。但他完全不听，竟然说，不给他笔就不合作了。最后我实在没办法，只能把笔送给了他。拿这种人真是没办法！"

这种爱贪小便宜的客户经常碰到，跟他们接触过的业务员也不在少数。他们要的东西不多，价值也不大，若没什么意义，给他无所谓。可明明告诉他不能送的东西，他还坚持要，有点像孩子的耍无赖，的确是一件令人头疼的事情。

怎样才能合理地拒绝，又不得罪他，还让他跟你正常合作下单呢？

首先，不要想着用以后的东西满足他现在的贪心，当下就要满足他。

你要明白他真正的心理不过是想贪小便宜而已，并不是真的一定要你这件东西，他要的就是小便宜。老板娘的那支笔对他来说不过是一个平常的、看起来似乎有点价值的东西，可能他拿走之后没几天就扔进了垃圾桶或送给了别人，但对老板娘来说，那支笔是意义非凡的。所以，试着转移他的注意力，给他另外的东西，满足他当下想贪小便宜的心理就搞定了。

其次，如果他还是不知趣或故意为难你的话，那就尝试着以牙还牙，以彼之道还施彼身。你可以看看他身边有什么重要的东西，然后开玩笑地跟他说："好啊，给你没问题，那咱们来交换吧！"然后就作势把他的东西抢过来。但这种方法不到万不得已时一般不要用，因为即使他表面不会显露出来，内心也一定会生气，觉得你是在打他的脸。所以，假如你不得已用了这个办法,接着就要哄哄他,或者转移他的注意力,问他晚上想去哪里吃饭,或想去哪里玩。总归你不想吵架弄得太难看,还想把生意继续做下去,朋友也要继续做下去的。

不同情况有不同的处理方法,你要懂得每个动作背后的意思。见招拆招,明确底线,把握好分寸。他们也是普普通通的人,没什么好怕的。

当买家的资金开始紧张……

买家资金困难也是一个有趣的话题。很多买家同时向十个八个工厂订货,等到出货的时候,资金问题就出来了。我相信一百个买家里应该有九十九个都经历过这种难熬的情况。

那么,业务员遇到买家出现资金问题的时候怎么办?

买家通常会表现出两种状态:一种是直接说明自己的资金链出现了问题,尾款无法按时支付;另一种是不做说明,故意找茬,恶人先告状,说你的货质量有问题,定下的货都不要了。遇到这种情况,业务员一定要擦亮眼睛,客户违约的理由不一定都是真的。口口声声说自己资金出问题的买家,可能是找一个借口反悔,而故意找茬的买家可能真的遇上了资金问题或让他不能履行承诺的问题,他怕你说他不好,就会借题发挥。你的客户究竟属于哪种情况?这就需要你多方面地衡量他这个人、他的公司,以及他一直在做的事情了,从而判断他到底是有钱不想给、没钱不能给,还是有了新的合作厂家,这些都应该在你的考虑范围之内。如果能够感受到这些细节,你就是一个很高层次的业务员了。要多听、多看、多沟通,这样,一旦出现异常你一下就能敏锐地感觉出来。

不过,有买卖的地方一定会出现资金问题,这是一个很正常的现象,每个客户都可能遇到,高楼大厦建到一半停工的情况比比皆是。客户进货与我们平时买东西一样,经常会多买一点,超出实际需要,钱也经常在不知不觉中花得超出预期。就像出去逛街，你告诉自己，今天最多花2000块钱，结果回家一算，发现实际花了2300块钱，这种情况的发生是不可避免的。最后，货定好了，工厂也准备好了，要找他拿钱出货了，他却没有准备好。当然可能也有其他方面的原因，但大部分是因为钱。他会说很多这样、那样的理由拖着你，如钱都暂时投到房市里去了，等等。归根结底，都是一些听上去很合理但实际上经不起推敲的借口，这也是销售过程中没有公开但大家都心知肚明的秘密。

不过，无论遇到哪种情况，业务员都要做个中间人，尽力在老板和买家之间协调斡旋，找到一个合理的解决方法，争取合作顺利进行下去。这时，业务员要想顺利地把钱收回来，最好的方法就是沟通。

工厂老板觉得自己没问题，买家知道问题在哪儿却不承认。买家有买家的信誉，卖家有卖家的信誉，业务员变成中间人，虽然两边都会挨骂，但也要尽力磨合，先把容易收的钱收回来。比如，你不用拐弯抹角，直接要求买家："既然问题已经发生了，那我们双方就坐下来，心平气和地谈一下解决办法。现在，我们需要一些钱，可能你也需要一些货，在一百万预算的情况下，你能否先拿三四十万出来，我也先给你放一部分货过去。"这算是在很差的境况下能得到的比较好的结果了。无论如何，要尽量说服客户出货，最少也要出一部分。重点是，两边一定要磨合、磋商，达成一个可以解决的方案。没有沟通，这边不说自己的想法，那边也不说可以解决的方案，只是吵来吵去，结果只会不断恶化。

所以，一开始就要把客户放到一个跟你对等的位置上，平等对话，以免到后来要跟他谈条件或者发生意外状况的时候处于劣势。

其实，客户资金紧张的时候，好的业务员是可以提前感觉到的，这就全看业务员的功夫了。当你感到他可能资金紧张时，就要想尽办法先把钱拿过来。比如，他有100万的订单要付款，而手上只有30万，你那笔订单15万，你有没有能力把钱拿过来？用什么办法拿过来？

我们也碰到过这种情况，粗浅的经验是，一定要打好提前量，赶早不赶晚。一般一批货做完，客户都想尽快出货，虽然不会要得特别急，但是对他来讲，早点到货一定比晚点到货好。这时，有经验的业务员就会使用一些技巧，就是在这批货做好之前，先跟买家通气："你的货再过十几天或三个礼拜左右就差不多完成了，到时我会再跟你确认。"然后，更进一步的做法是，在告诉对方订货差不多完成的同时，还要告诉他们准备付钱了。

做生意，说白了就是两个"抢"，第一步，要抢到客户成功开单；第二步，要抢尾款。其中，第二步特别重要。

一般情况下，老板都会直接要求业务员在出货前十几天、两个礼拜左右开始向客户要尾款，大多数有经验的业务员不需要提醒也会主动去做。可一些经验尚浅的业务员还是会等做完了货再跟客户沟通，因为他们不敢提，他们觉得，货还没做完就向对方要钱是不对的，自己不应该得到这份钱，心里非常忐忑，从而缺乏信心。可若真等到做完了货再向对方要钱，就为时已晚。因为货款通常一两天之内是收不到的，即使对方资金没问题，他也要跑去银行办一系列复杂的手续，甚至要专门做这件事。所以，他有钱你要等，没钱你等得更久。打好提前量向买家要钱，就能尽量给对方一些准备时间。准备货款也是一个心理准备，让他记起这件事并且开始着手，即使他后来有其他投资或花销，也会为你预留出货款。如果没有时间配合，业务员一直拖着，出库时已经是你们见面五六个礼拜之后的事了，很多情况就已经改变了。

假如真的在出货关头买家说自己没钱怎么办？

那些只是在找借口的客户，嘴上会说着没有办法，然后找一堆不合理的理由、说法来搪塞你。这种人无论你想什么办法几乎都无济于事，除非是很有实力的公司或工厂，不然他们才不会顾忌你的感受呢。

如果客户的资金链真的断掉了，他手里只有30万，那实际上他最多只会拿 20 万左右的货，他还要留点钱在自己的口袋里。20 万怎么分配呢？不同的人有不同做法。有些会先付一点钱，拿一点货；有些干脆就无期限停业，等情况好转再重新启动。

这时，你作为卖家可以冒险做一件事，就是帮他一把。假如他在你的工厂订了 20 万的货，你知道他没钱，货款可能很久之后才能拿回来，甚至拿不回来了。可是这 20 万的货已经做出来了，想卖给别人也很难。除了可以不断尝试卖给其他人，你还可以选择帮他一把，只要你愿意相信他。

但这么做的前提是你们之间要有基本的信任，而且你要具备基本的经济条件。

当你感受到他的资金出现问题了，你可以先尝试着跟他聊："你的货已经搞定了，为什么货款还没打过来？出现什么问题了吗？"可能很多人不会直接说自己没钱了，因为信誉、实力或面子原因。假如你意会到他确实是资金出现问题了，就可以跟他配合。正常情况下，定下 20 万的合作协议后，卖家就应该已经收到至少 5 万块钱左右的定金了。其中 10 万块钱的货，可能就是那 5 万块钱的定金做出来的。卖家已完成的 20 万的货，买家现在没钱付尾款，但卖家一开始收了 5 万块钱定金，10 万块钱的货就已经基本上不亏本了。

接着，找机会跟他摊牌："我感觉到这 20 万的货你可能要在我这里摆一年以上才能拿走，或者永远也不拿走了。既然这样，不如我帮你一把。我干脆把 10 万块钱的货先给你送过去。剩下的 5 万块钱先不收，但是我要你分批把钱打回来，希望你的钱能尽快到位。"我相信诚恳的客户都会愿意配合。

大多数工厂都不愿意这么做，但这么做是有意义的，可以共赢，还可以多收回一点钱，降低你的损失。

另一种做法是，你可以先让他支付一小部分钱表示诚意，比如，先给你 2 万块钱，剩下的 3 万暂时不收，告诉他："10 万块钱的货我放这里，你现在给我 2 万，我就给你相应的货。如果你的定金交全了，那 10 万的货你都可以拿走。"这样下来你其实已经赚了，并没有亏。而且说起来，你是做好人帮他，他会觉得你真是一个讲道义、重感情的生意人，很会做事。如此一来，你的形象在客户心里就树立起来了。但很多工厂都不懂得如何处理这种事情。这一行我做得太久了，碰过的钉子数不胜数，但最后基本都能把货款全收回来，尾数也收回来，货也如数给了对方。

不过，这不完全是业务员能够决定的，还要经过老板的同意。业务员要懂得跟老板讲道理："那批货你放在这里一两年还是这样，现在你多收 2 万的款给他 10 万的货，他还欠你 3 万，他会付给你的。即使他不付给你也不会亏本，可能还会赚一点点。"一般连产品业务都不懂的人，是不懂也不会做后面那些事的，因为他们不理解客户面临难关时那种孤立无援、绝望纠结的心情。但当你意识到客户不能正常经营时，你要马上与他交流。不要害怕，没人会问你合不合理。学会利用团队的力量去解决生意进程中的困难，学会向上司争取更多的优惠和资源。

但是，也要记得给对方一个暗示，让他知道你是在帮他。即便到最后 3 万的货款要不回来，也已经收了 7 万块钱。听起来你好像亏了，其实没有，这就像一场心理游戏。只是大部分人都不愿意这样做，特别是国内的商人，一般都把这种情况看得很严重。

这种事情是经常发生的。不是公司规模的问题，而是资金投放的问题。精明的老板和精明的业务员有不同的处理方法，我的解决方法只是其中一个。问题每天有无数个，解决方法肯定比问题多。我建议你也设计一个看起来好像自己在亏着本帮助对方，但实际上并没有亏的应对方案试一试。方法其实有很多，坐下来想一想，找买家聊一聊，就能找到灵感。

我总觉得自己好像活在一个游戏的世界里，做生意就像打游戏，我每天就像在闯关，分数就是我赚的钱；闯过的关卡越多，分数积累得就越多。你要相信，无论遇到什么，总是可以过关的，一定会过关的！

面对买家，心中有底

业务员应该对这样的话非常熟悉："我的公司在我们国家算是规模较大的经销企业，有一百多个员工、十几个店面，在消费者中享有盛誉，销售的宣传推广工作也特别到位。所以，你给我最好的价格，每个款我都要两百个。"实际上，如果你真的按他说的订货量给他确定价格，等确定下合作关系、谈完全部细节后，他可能就会说："每一款我先拿 30 个回去试销一下，下一批就在你们公司批量进货。"这样，你就被他彻底"坑"了。买家都是"装模作样"的高手，他们最善于在业务员面前吹嘘自己公司的规模和销售量、需求量，等你上套了，就被他牵着鼻子走了，价格就再也提不上去了。面对这种情况，很多业务员因为不想失去这一单生意，只能硬着头皮做下去。说出去的话泼出去的水，价格调不回去了，最终只能妥协，协商出一个双方都可以接受的价格，你的公司白白就损失了一部分利润。

所以，一定不要轻信买家尤其是外国买家的自吹自擂，要想尽办法摸清他公司的实际情况。

首先，业务员都清楚，做外贸的买家基本上都不会突然出现在你面前，99% 都会先用邮件跟你沟通，在邮件里就会告诉你他是什么公司、有多大规模。你知道了他们公司的名字，自己就可以着手调查了。记住，在网上搜索资料的时候，尽量不要上他们公司的官网，或者仅限于浏览，一定不能以此作为了解他们的全部依据，这一点特别重要。现在很多业务员都是简单上网搜一搜对方的网站，更懒的做法甚至是直接问买家有没有网站可以进去看一看。官网是最没有参考价值的资料，就像朋友圈，你能看到的只不过是对方想让你看到的东西，有些实际情况基本是看不到的，谁也不会把消费者的负面评价、经营不善的统计资料、政府部门

的处罚通告等，公开发布在官网上。

其次，国内不能用 Google，而用百度等搜索引擎能搜到的资料十分有限，更简单的办法就是找人打听。找到你已经很熟悉的那个国家的客户，直接拜托他在当地帮你了解情况。之前就曾有一个我很欣赏的业务员小 K 直接打电话找我，让我帮他打听一个新客户："Andy，我这里有个客户号称自己在加拿大非常厉害，有很多实体店和员工，销量非常大，要在我这里拿一两百套货。你认不认识他，能不能帮我搜集一下他们的资料？"

这也是我十分欣赏小 K 的原因之一，他在与我的交往中从不拐弯抹角，从不妄自菲薄，说话直爽真诚，一直以平等的姿态面对我。这让人感觉很舒服，我很愿意跟他交朋友。

接到他的电话后，我专程开车到他给我的地址去考察，结果不出我所料，对方果然在吹牛，别说一两百套，我认为三四十套已经是他拿货的极限了。于是，我就回复了小 K，告诉他了真实情况，这个客户所报的订货数量不合理。他立马就明白了，心里有底了，也知道该谈到什么价位了。

他摸清了对方的底细，手握这张底牌去跟对方谈判，怎么谈都是只赢不输。

"你要两百套？没问题。真的要订200套对不对？那我们会给你最低价，因为这款灯我们平时卖到一套280块，你如果真的要200套，我就给你250块。"接着双方肯定还会继续讨价还价，到最后可能会降到200块左右一套。但小K公司30多套的出货价格本来就是200块钱，因为小K心里已经摸到了客户的底牌，做好了充足的准备，当然不会被他的自吹自擂打乱了阵脚。

另一方面，业务员也要理解，买家的自吹自擂已经是行业常见的套路了，业务员不要将此与人品、道德、友谊、素质等联系起来，不要因为客户蒙你一次就生气愤怒，更不要当面拆穿让客户下不来台。生意如游戏，游戏也要认真玩才能闯关，生气愤怒是你输不起。所以，业务员一要认真玩，二要输得起，无论生意做成没做成、吃亏占便宜，下次见面大家还是好朋友，还会合作做生意。

这么多年，向我打听过客户情况的业务员只有小K一个人。其他业务员一般都是在事情发生后，或者我们见面时才提到自己曾经被坑的经历，但已经于事无补了。他完全可以在当时向我求证，找我打听一下，来避免这件事的发生。所以，业务员在做准备工作时，有条件能多收集一些信息就要想尽办法去收集，多做一些准备。

但找当地熟悉的客户帮你打听时，业务员也要考虑得周全一些。比如，那次小K向我打听的公司距离我很远，对我基本没什么影响，所以我可以客观地帮他打听。但假如那个公司就在我所在的城市，因为存在竞争关系，可想而知，不但牵涉他们公司给予我的部分产品的专卖权问题，还会引发一些别的问题。比如，如果我们不是多年的朋友，互相绝对信任，我会不会故意贬低那个买家？等等。这都是后话了，一定考虑周详。

这就像我们在学生时代，我在图书馆学习，你在食堂吃饭。我看书看累的时候，无聊地拿出手机搜索附近的人，恰巧看到了你，就给你发了好友申请。你本来也是不随便加人的，但机缘巧合，你那天也很无聊，就加上了我。加了好友之后随意聊了几句，发现两人越聊越合得来，越聊越投缘。一段时间后，我就开始想是不是可以追你了。但我还没有与你真实相处过，对你的了解很片面，就想找个同学打听打听你。

一天，你发了一个朋友圈，我点赞之后突然看到我的一个朋友也点赞了。原来他也认识你！于是，我马上找到他，向他打听："这个女孩怎么样？有没有男朋友？住在哪里？喜欢吃什么？有什么爱好？"这时，朋友跟我说的可能是你的另一面，可能会与我的想象大相径庭。可能他会告诉我，你不是我想象中的乖乖女，表面上看起来你很乖，实际上，你每天晚上都会去酒吧待到凌晨两三点，等等。

事实跟打听回来的信息一定是有差距的，但即使有差距也会对你有所帮助。你要先筛选打听回来的消息，分辨哪些是真哪些是假，哪些靠谱对你有帮助，哪些不靠谱你可以自动忽略。另外，你还可以多找几个人打听，把信息综合起来分析，就能得出最接近真相的事实。

所以，打听功夫真的非常重要，尤其是生意中，信息都要靠抢，你不下手就只能眼睁睁地看着对手占尽先机而束手无策。

说到这里你可能又有了新的疑问：一个客户不可能只接触一家工厂，你知道他们的底牌不把价格降下去，可其他工厂不知道，很可能会把价格降下去，生意岂不是就落到别人的口袋里了？这就又回到了我们之前谈的问题，生意不能只关注价格，你要调动自己的技巧、自己的功夫、自己的嘴巴、自己的能力，让客户觉得你们值这个价钱，愿意跟你们合作、喜欢跟你们合作。就像你不可能因为我送一束玫瑰就爱上我，肯定是因为送你玫瑰的同时，我可能还送了戒指，更因为我平日里给你做饭、给你盖被子、陪你看病守护你，等等，所有的东西加在一起，你才会彻底地爱上我。那束玫瑰只是一个象征，就像价格一样。

你了解自己的老板吗？

一个成功的业务员除了必须要了解买家的实力，还要对自己老板及公司的实力了如指掌。

记得在卖按摩椅的时候，有一次我们找到了一家新工厂想与他们合作。这个工厂的业务员很专业，各种细节都想得很周全。当时，工厂老板希望能多收一些定金，就让业务员向我们争取。看着我们提的要求他们都爽快地答应下来，我们也很快同意了。2万美元的订单，我们基本付了三分之一的定金，按当时的汇率计算，大约5万多人民币。那个业务员能从我们手里争取到这个数字，已经算很有能力了。之后，又经过一段时间的协商，双方终于敲定了我们之前讲的所有细节，下了单，也付了定金。前两次的合作都很顺利，没什么问题。到第三次合作时，我们付了定金后却怎么也联系不上工厂了。这是我们第一次遇见这种问题。最后，我们虽然找到了业务员，却发现老板早就卷钱跑路了，连业务员几个月的工资都卷跑了，更不要说我们的货和赔偿了。我分享这个例子想表达的是，业务员在买家、卖家中间很难做，我们真的很有必要好好了解自己老板和公司的实力。业务员与买家协商的条款，自己的老板也答应了，但其实他做不到，公司也做不到。业务员如果不了解自己老板和公司的实力，老板怎么说自己就怎么做，到最后老板跑路时，业务员连自己的权利也无法保证，更别说买家了。老板真破产了，即使找到他也没用，他没有钱赔给你，买家想追究也没有用。

后来，类似的事情又发生了一次。那时我已经开始做灯具生意了，与我们合作的是一对夫妇经营的工厂。我们跟他们合作了很久，大概有两三年。结果，一批货我们付过了定金，等出货的时候，老板突然要加价。之后，我们与他们沟通了很久，但他们一直不肯放货，还找了各种各样的理由：第一，我们没有正式签订合同；第二，他自己的公司那段时间财务有问题。不得已的情况下，我们就同意他先出货，再加钱给他。最后，我们也没有加钱，因为他们失信在先，这个钱本来我们就不需要出。这个情况的出现，很大一部分原因是业务员的不专业。事实是他们公司发生了财务危机，不知道怎么解决，就打算转嫁到顾客身上。而业务员完全不跟我们沟通，没有做双方的调解工作。如果他在开始合作时或早一点跟我们说，其实也没有差多少钱，谈一下应该不会有问题，但他最初因为不了解自己工厂的问题没有采取预防措施，知道后为了保住自己的提成又不愿意主动跟我们交流，到了出货的时候临时告知，那我们一定不会买账。所以，充分了解、密切跟踪自己公司的状况是十分必要的。

给客户策划惊喜

女孩子们对这种选择一定不会陌生：

两个男生，A很适合做老公，他会帮你做家务，煮饭、洗衣服都很在行，非常细致贴心。但他是那种情绪起伏不大，每天都过得很平淡的人。跟他在一起，生活没有太大的变数，每天就是一起上班、一起下班，回家有一搭无一搭地说说废话、玩玩手机、看看电视、看看书，睡醒觉就做饭吃饭，吃过饭就按时睡觉。你们可能不会发生争吵，同样，也可能没什么新鲜感，没什么激情。

另一个男生B则截然相反。他可能什么家务都不会做，更不愿过平平淡淡的日子。但他是一个非常擅于创造惊喜的人，知道每逢节日、纪念日要给你送花；知道走在马路上看见卖气球的就全部买下来送给你，让你高兴；知道你冷的时候，不是老套地脱外套，而是给你递上两个暖宝宝。他带给你惊喜和新鲜，让你感受到不一样的世界，不一样的生活。

这两个男生摆在你面前,你会怎么选?

相信很多女孩子都会选 A 做老公,觉得过日子,还是踏实最重要。可试想一下,一成不变地生活十几年、二十几年、一辈子会是什么感觉?你会慢慢地习惯,慢慢地忽视他所做的一切,渐渐地觉得理所当然,觉得生活索然无味。恰好在此时,B 出现在你的生活中。他打破了你平淡的生活,给了你惊喜和新鲜感,让你看到了不一样的生活。这时,我几乎可以断言,你一定会被吸引,不自觉地就想跟他多点接触、多点联系,不自觉地就会向他靠近。

这个道理和维系客户关系是一样的。比如,我们一直跟同一家工厂合作,但这家工厂与我们很少沟通,业务员也不像当初那般热情。这时,另一家工厂突然出现了,想争取我们的订单,积极与我们沟通,对我们很花心思。如果恰好,现在我需要 100 件货,那我的做法可能就是两家各给 50 件。虽然我对一直合作的工厂有信心,知道他们绝不会出差错,但我对新出现的工厂更有兴趣,想尝试一下新的合作伙伴会不会擦出新的火花。这样做,对于一直合作的工厂来说,他并没有马上失去我,但少了 50 件货的订单。我肯定不想一下就彻底改变,但是我愿意尝试。就像谈恋爱,我觉得你很好,可以跟你一起过下半生,但另一个还不错的人出现了,我被他吸引了,想当朋友接触一下。这时,我短期内不会跟你分手,可我对你的兴趣只剩下了 50%,不再是全心全意了。

当然,你不可能真的找一个只会放气球、只会送花的人过日子,过日子还是要接地气。企业间的长期合作还是要依赖产品的质量和服务的品质。但是你倾向 B,愿意给他机会,他就可以慢慢学会过日子。最后结果虽然可能不尽如人意,可能还是没有 A 做得好,但是,大家相差不多时,你就一定会选择 B。

所以,一个好的企业除了要做好前期销售,还要做好维系客户关系的工作。

很多工厂不明白他需要维系客户，很多做男朋友、做老公的也不明白他需要做什么。他们觉得人追到手了、双方握手合作了，就什么都不用做了。事实上，这个社会的一切关系都需要维系、需要经营，无论是买家卖家、男女朋友还是夫妻关系。要努力把双方建立的关系继续升华、巩固，不然早晚会有破裂的一天。

那么，那些只会"过日子"的工厂意识到自己的问题后，要如何做出改变呢？

工厂和男人不一样，男人可以给女人送花、送气球，工厂不可以。但工厂可以多给客户一些问候，如多发一些电子邮件、不时打个电话、顺路去拜访，或者偶尔寄个礼物给他妈妈……要常常用心制造一些适合他、不显刻意的小惊喜。维护关系不一定非要去吃饭或去夜总会，只要见面的机会多了，对方给你沟通的时间多了，你们的关系就不会越走越远。

制造惊喜要出自真心并选对时机。记得有一段时间，我的腰坏了，每天只能卧床静养，哪儿也去不了。一个合作伙伴知道后，就给我送来了一台治疗仪。拆开礼物的瞬间我非常惊喜，也特别感动。所以，感受到合作伙伴这么用心对你，你一定不会再有"出轨"找新人的想法了。可如果对方的腰没问题，你送他治疗仪，再告诉他"留着，以后可能会用到"，那你说不定马上就会被请"出局"。错误的时间送错误的东西，"惊喜"直接变成"惊吓"了。

想要把事情做得既惊喜又不显刻意真的很难。比如，我带着一个女孩逛街，看到街边有卖气球的小贩，我灵光一闪，就想把气球全部买下来，然后拉着她一起放飞，给她一个惊喜。可怎样才能显得我是随意做出来的？拉着女孩走到卖气球的小贩旁边，跟她说你"等一下"，然后掏钱买气球吗？看起来似乎只能这样做，但在你说"等一下"的时候，她马上就能猜出你想做什么了，效果就会大打折扣，算不上惊喜了。所谓惊喜，就是在对方事先没有预知、没有一点察觉的情况下，你给予她的快乐。怎样才能搞定呢？这需要你精心筹划。

拉着她的手走在街上，看到了卖气球的小贩。首先，你要找到放气球的最佳位置，然后一手拉着她继续说着话，一手直接在兜里拿钱。不用细算到底多少钱，肯定足够买下所有的气球就行。接着你看着小贩，两个人眼神一对，他就知道你是他的目标，同时他也是你的目标了。之后什么也不用说，继续拉着她走，好似不经意地路过卖气球的地方，直接把钱掏出来递给小贩，顺势拿过所有的气球。整个过程就是一瞬间，她完全没有时间反应，不会有其他幻想，这就是惊喜。一个眼神就是一场买卖。买气球、拉她到你选好的位置、放出去，一气呵成。

惊喜，是生活的调味品，是调节关系的升温剂。创造惊喜的重点永远不在于花多少钱，而在于用了多少心思。

永远比别人多做一点

前几章说到，业务员要理解不仅自己怕失去生意、怕不知道怎么回复、怕语言不通无法交流、怕沟通能力不好、怕受骗被坑等，买家担心的问题可能更多。尤其是初次到一个完全陌生的地方谈生意的买家，不可避免地会产生害怕的心理。除了产品的质量、公司的背景、老板会不会跑路、业务员靠不靠谱等生意上的问题，还会担心很多其他问题，比如过海关有没有问题、能不能适应当地的衣食住行、治安好不好、会接触什么样的人，等等。他们能鼓起勇气，选择不远万里地来跟你面对面地谈，本身就是很有诚意的行为。所以，我虽然经常提到业务员不能将外国买家抬得过高，不用给他们过多特别的关照，但不是说我们就不用尽地主之谊了，除了要把合适的产品卖给对方，也有责任让他体会到中国商家的友好包容和大国风范，让他感受到友谊的温暖、可靠的人品、安全的环境、公平的商业氛围等，感受到可以在真诚的基础上与这个国家的商家长期合作。

这是保证交易顺利完成的基本条件，也是双方长期合作的基础保障。

所以，业务员了解了买家的心理和顾虑后，就要想方设法、精心制造一些惊喜来温暖他、感化他。你冷不冷、饿不饿、帮你开空调、帮你泡杯茶、给你一瓶水、带你去吃饭等，都是最基本的礼仪，每一个人都需要。对接的业务员则要更深入地了解买家的其他需求，留意他不好意思开口求助的小难题。即便有些事情他并没有主动寻求你的帮助，但你及时发现并为他解决后，他就会感到惊喜，觉得你真的是在关心他这个人，而不只是生意。你招待好他，他对你有了基本的信任，大家才能继续把生意聊下去。

仍用男女之间的交往来说明一下。数九寒天，看到女孩冷了，所有男孩的第一反应基本都是脱外套，但脱外套这个动作对女孩来讲已经没有什么新意了，你一动她就知道了你下一步动作。可假如一个男孩突然拿出暖宝宝或者从包里拿出一瓶热水，就是一个出其不意的惊喜，就能直接打动女孩的内心。她不管你这样做是刻意的，还是无心的，都会欣然接受，也更能感受到你的关爱。这是最简单的加分项，可以让你在女孩心里的形象"直线飙升"。

所以，所有准备都要比别人想得多一点、做得好一点，你比别人多出的那一点，就可能成为成功的敲门砖。

同事小文就做过这样一件让我赞不绝口的事情。

一天下午，一个挺大的客户到他们店里选产品，可来来回回挑了一下午还是在他们和另一个厂家之间犹豫不决。小文用了很多招数，结果他还是说一句"考虑一下"就离开了。客户走后小文想了很久，觉得就这么放他走太有点听天由命的意味了，便想将报价表打印出来做最后一次努力，看能不能成为临门一脚。正巧，下午交谈的过程中，小文知道了他们吃晚饭的地址，于是稍做思考就直接拿着报价表赶了过去。

见到客户给了报价表后，没想到对方突然提出一个请求，他的烟抽完了，想请小文帮他买一包烟。小文答应了。那种烟并不常见，她急急忙忙地跑了几家店才终于找到了这个牌子的烟。可烟只有一种味道，小文是女生，不会抽烟，单纯地以为只要牌子对就行，马上买下来高高兴兴地拿给客户。可对方一看却大失所望，说味道不一样，他从来不抽这个味道的。虽然失望，但客户也没有再多说什么，给了钱，道了谢，说没关系，一会儿自己再出去跑一趟，就让小文回去，自己转头继续吃饭了。小文回到店里越想越不甘心，觉得自己努力了这么久，不能就这样让客户对自己失望。于是，她下定决心，一定要买一包正确的烟送给他，即使生意做不成也不能让他满心失望地离开中国。

最终，上天不负有心人，经过四处寻找打听，小文终于如愿买到了正确的烟。当她气喘吁吁地跑回饭店找到客户,把烟送给客户时,客户眼里满满都是惊喜和赞赏,连声感谢。等客户吃完饭后,他们回到了小文的店,告诉她,他们的公司决定跟她签单。

"虽然他说算了,不用了,抽这包就行,但我很怕让别人失望,总觉得应该再坚持一下,再努力一点,即使结果还是不尽如人意,自己起码不会后悔。"

这个故事听起来似乎是一件很小的事,却包含了业务员几项很重要的能力。

第一,克服抗拒心理。

谁都不愿意任人使唤,尤其是业务员,面对这种无义务去做但为了签单又不得不做的事情,内心就会更加抵触。叫你买包烟你心里就默默诅咒对方"抽烟抽死"的话,实际上第一步你就失败了。你抱着这样的想法,不要说像小文一样主动帮客户找第二盒烟了,第一盒烟都可能让你觉得十分辛苦和厌烦。除非有人让你感觉到压力,让你出于反省、出于压力而不得不把事情做好,否则又怎么能签到订单呢?

小文做事的坚持、良好的心态和付出的努力温暖人心,让人不由自主地被她吸引到身边。

如果她不买第二包烟,那个客户还会不会下单?可能也会。可能明天、可能后天,或许是大后天、下个礼拜,但是她触碰到了对方的心,掌控了事情的走向,把成功的节奏加快了。我们经常说时间就是金钱,什么叫时间就是金钱?就是要在一定的时间内提高效率、加快进程,在单位时间内实现更多的效益。

第二,把减分项变成加分项。

纵然小文买错了烟的口味,客户不是很高兴,但她解释后,客户也接受了,这件事看上去似乎就结束了。可如果你真的这么认为,那后续的合作就要听天由命了。这时,如何让减分项变成加分项,就全看业务员的心态和能力了。

假如你一开始就买对了，他也许不会那么感激你。你买错了，但后面处理得很好，反而会变成砸到你头上的加分项。小文的行为包含着善意、体贴、细致、努力和能力等因素，也是合作过程中需要业务员具备的品质，客户自然感受到了，才会主动过来找她下单。

拉近关系的过程也是你展示自己的过程，客户只能在与你互动的过程中才能感受到你的素质，进而判断你本人和你公司的做事态度，从而决定是否与你合作，这才是拉关系的本质或新层次：让他有信心、能放心、会舒心地跟你做生意，而不是行贿、受贿似的勉强应付你一次。

大客户可遇不可求

从本质上讲，小生意和大生意并没有多大区别，一个路边的水果摊搬到高级超市里不会发生实质变化，卖的还是那些"水果"，谈的还是价格。所以，在我眼里，大客户和小客户也并没有太大分别。但是面对大客户，怎样用更有信心、更有把握的方法将"水果"推销出去，就要看卖家的包装了。公司从产品、服务到广告宣传，业务员从形象到谈吐，业务流程从沟通到签约，每一个细节、每一个环节的规范、包装都是不可或缺的。

想要征服大客户，首先要将大客户细分为不同的类别。

是他先主动找你还是你先主动找他？他是做工程还是做批发？跟你对接的是老板自己还是一般采购员？他需要什么、需要的量有多大？你都要提前调查清楚、研究透彻，并根据具体情况进行具体分析。比如，他如果是做工程的，那么，对一般款型的需求量不会特别大；工程用货一般要全部定制，数量也会非常可观。再比如，跟你谈判的不是老板，而是他派出来的买手，这种情况你就要注意，这种人最在意的可能并不是公司的利益，而是他自己的利益。

其次，准备工作仍然是最重要的。

小客户订货基本都是老板亲力亲为，谈好后几乎都可以当时或在很短的时间内签约。而大客户则不同，不但双方都需要长时间准备，沟通谈判需要的时间也要长得多，因此，业务员需要准备得格外充分。比如，你现在要开一个酒店，需要灯、需要家具、需要电器等各类东西，你不会特别着急，因为你必须按照既定的工程进度有序推进，可能需要一两年甚至更长的时间，不会走进一个零售店说"我要这个电视"，谈好价格后立即付钱取走。所以，大客户会多方面考察你们的公司，包括产品质量及管理控制机制、服务品质及执行保障、人员素质、生产规模、配件供应渠道、合作项目、形象口碑等，对每一个细节都有很高的要求。他们不会随意被价格忽悠，相对于价格，他们更看重质量。

所以，面对大客户，业务人员要在各方面做更多的功课，如了解对方以前做过什么项目及用时多久、这个项目预计花费时间等。要会放会收，找对人、找对时间、找对产品，在适当的时机对症下药；还要了解他们合作过哪些班底并与他们建立良好关系，甚至要主动认识一两个项目负责人或其手下的员工，经常通过他们侧面打听项目的进度，这样你就能更准确地把握时机，应对起来更得心应手。另外，还要了解跟你接触的这些人里谁主管这项业务，谁是决策者，要准确找到交易中的"1号"人物。

很多时候我们并不直接跟大客户谈生意，如沃尔玛代销你的商品，并不等于你与沃尔玛直接合作，而是与它下面的中间商、买手、分销商（distribution）合作。就像我想买一台车，只要看好车型，然后对我的助手说："这台车很好看，你去帮我买下来。"接下来的价格、保险、提车等一系列事情我就不用管了，具体的操作就全权交给他了。大客户十个里有七个都是这样，你基本上永远都接触不到大客户本身。也许会偶尔碰到一两面，但你跟他交朋友几乎是不可能的。所以，越大的客户，下面那些代表就越重要。

也正因为如此，与大客户合作经常会出现一个独特但并不健康的现象：假如那些代表是大客户外派的一个公司，那他们除了会要求你符合大客户的要求，还会考虑自己的利益，因此就衍生出许多灰色交易，比如回扣、抽成等。我们就曾与沃尔玛合作过，当时与我们直接谈判的就是他们的外派公司。这个公司首先是要抽成的，同时，他们的买手也希望能得到一些好处，他会给你一个数字要求你打进他国外的账号。这些小勾当不是东亚、南亚等地方特有的现象，在全世界都非常常见，因为无论在哪里，人都是人，生意都是生意，钱都是钱，都会优先考量自己的应得利益。

总之，无论大客户还是小客户，准备工作都是重中之重，都要尽力做到最好。

最后，大客户买东西是非常有针对性的，会严格要求产品的规格，要做到能够兼容且符合他们国家的进口法。他们不仅注重质量，更注重售后服务（after service）。

大客户与小客户不同，小客户的拿货量通常都比较小，上千万个同类产品中他拿了20个卖出去，质量即使有问题也很难被察觉，有的就算最后查到了他们，他们也可能已经倒闭找不到人了。而大客户做的就是产品，他们要的数量通常都很大，数量一大就不能随意，不能有任何侥幸心理或赌徒冒险心理。小客户要20个产品，里面有2个出现了质量问题，不会造成多大问题。大客户拿几千个产品，里面几百个出现问题，当然是不行的。

工厂完全可以知道他们具体的要求并做好准备，只要打开客户国家的网站，就能找到相关的条例，跟电有关的、跟木材有关的、跟食物有关的……只要你用心，各行各业的要求都能找到，上面写得一清二楚。

比如你想把一块牛肉运到加拿大，那你就要先知道这块牛肉需要在-40℃的条件下冰藏30天。他们很注重这些东西，很怕拿的量大、卖得多、卖得快，结果随便一个小问题被政府、被消费者抓住，就会产生严重的后果。

因为竞争、价格等因素，他必须要来这里买，来这些劳动力便宜、成本便宜、价格低廉的地方买。同时，他们也知道，来这些地方买，一定会出现问题。他们心里都有底，都会计算。计算的意思就是，同样的东西，在贵的地方买1000个，可能1000个都没问题，但是多了100万的成本；到便宜的地方买1000个，可能100个有问题，但是这100个的成本少于100万。在这种情况下，他们可能就会去赌一把。这其实就是每家大企业都会有的环节——风险评估（Risk assessment），不管你做产品、做高科技，还做政府的项目，都会有这种衡量。

说了这么多应对大客户的方法，其实对一般企业来说，大客户是可遇不可求的。假如你在国外，一般来说，想主动跑到大客户的公司里，跟对方谈能不能合作，基本都是不可能的，没办法入手。因为大客户都有很多长期合作的熟悉的供应商，你要他们突然改变是很难的。赢得跟大客户合作的机会就只有等他们主动招标，等他们原来那些供应商出了很大的问题，或者等负责他们供应商的人退休了、转岗了。因为人都是害怕改变的，做生意也一样，要让他们重新投入去换掉一个已经很稳定的工厂，太不容易了。有时候可能出现了一个机会，但要花上一年、两年、五年的时间才能谈下来；有时候你一直跟他们联系着，但是他们一直没给过你生意，结果突然有一天他们主动找你要合作。原因各色各样，要根据不同的情况分别处理。

大客户不会直接找你做生意，你也没有办法专门去找那些做大项目的人，只能靠那些一直跟你合作、帮你做设计或装修的人介绍或引荐。另外，如果能让你们公司的产品一直处在那个大圈子里，且保持一定的影响，那这帮做大项目的人总有一天会认识你，不管是他找你还是你找他。只要他听说过你的名字、知道你的存在，就是你最大的优势，包括我们参加那些展会，也是看中了它们的这种作用。

要扩大自己的社交圈，扩展人脉圈，多交朋友，广结善缘。

其实，大客户、小客户的心理状态是一样的，每个人都觉得自己很重要，大客户觉得自己是大客户，小客户也觉得自己是大客户。大客户希望所有人都能正视他、尊重他，给他最好的产品、最便宜的价格，小客户也是一样。大客户交易的数字看起来是很大，但小客户看自己交易的数字也觉得很大，因为他们的生意只有那么大。沃尔玛可以花两千万跟你合作，小生意只能拿20万进货，但那20万已经是他的全部了，他已经倾尽所有了。

所以不管大客户还是小客户，你对他们的态度和付出的力量基本上不会相差太多，唯一不一样的就是感情。

之前提到，跟小客户拿定金很不容易，签下订单更不容易，因为小客户在货品中是倾注了感情的。很多小企业都是夫妻两个人一起经营，他们拿出来的是自己的血汗钱，什么都要负责任，向老婆负责任、向老公负责任。而大客户对很多东西都特别执着，因为他们要对不同的人负责，不管是上级也好、消费者也好，他们需要顾及的东西、细节会很多。但他们从来不会很着急，心态永远是可买可不买。比如，他的公司同时销售二十万种不同的产品，缺你一个不显少，多你一个不显多。所以，他们顾及的东西虽然多，却没有太多感情掺杂其中。他们的眼里只有数字，多少钱买进、多少钱卖出、能够卖多快、什么时候可以发单、售后什么情况、假如有问题他要负什么责任，等等；即使一批货买错了他也不会心疼，更不会抱着老婆说"不知道明天怎么办"。所以，小客户有时候会更难应付，因为他心里的挣扎比大客户还要多。

引导买家的注意力

如果你去银行购买过大额投资产品，你就很容易发现，他们的销售人员一般不会跟你隔着柜台谈，而是把你拉进单独的接待室。为什么？他是不想别的东西骚扰到你。业务员做销售也应该注意，如果你不希望客户分心，也要把客户拉到一个可以面对面坐下来交谈、不会被骚扰的地方。在一个公共区域谈生意，你很难做到心里清静，一部分注意力会耗费在怎么去应对突发情况的焦虑上。比如，突然有一个客户拿着问题产品回来，说需要维修，你知道怎么处理吗？所以，交流场合上也要花些心思。除了你想让客户知道的信息，不要让他被任何其他东西打搅，保证他的注意力集中在你身上。然后，你才有机会说服他，把卡、支票、笔等拿出来，签名，完成交易。

很多业务员不懂得这个道理，他们掌握了销售技巧，但不知道怎么做会有更好的效果。银行销售人员把你拉进接待室，是因为他不想你被别人打扰——我给你介绍产品、说服你购买的时候，你要集中精神理解我的意思，避免旁边有任何其他人的干扰，比如旁边有人一直念叨说"你不要买啊、这个产品怎么不好"，等等。所以，业务员做批发也好，做工厂也好，当与客户谈订单的时候，特别是交易部分，你肯定也希望他能全神贯注在你身上。

当客户犹豫纠结时，你要学会打消他负面的、怀疑的、退缩的念头。交易结束之后，或你每次买完东西之后，一连串问题会一股脑地涌到你脑子里。我该不该买？那么贵买了会不会被人骂？买了什么时候用？一系列纠结和犹豫。客户会出现同样的情景，这时你要善于引导他转向积极的思路，转移他的注意力，这个交易就有保证了。比如，问他："你喜欢吃什么？""你喜欢去哪里吃饭？""某个地方你有没有吃过？"或者问一些需要他动脑筋的事情。——你以为我很想跟你吃饭吗？我实在不想跟你吃饭，但是我收了你的钱，肯定要跟你去吃个饭，而且最重要的是我不想再跟你讨论买不买这个问题了。

买的时候我要你全神贯注，钱一到手，合同一搞定，一签了名，定金一收到，马上就转移话题——"嘿，晚上去哪里吃饭？我知道有个地方很有意思。"——不要留给他反悔的时间，引导着他的思路去另一个地方。

这些是业务员应该掌握的入门功夫，听起来有些复杂，其实实施起来也就是简单的几步。我销售做得好，也可能是因为我恋爱谈得多，许多人每天都在用的一些技巧其实具有普适性。但很多业务员不会运用在业务上面，可能仅仅会用在男朋友身上、用在父母身上。当他进入销售业务、面对陌生客户的时候，他的三十六计就用不出来了。

先解决感受，再解决问题

正所谓"人善被人欺，马善被人骑"，大多数人都习惯欺软怕硬，专门挑选软柿子捏。就像12岁的孩子，面对一个小他一岁的孩子也许并不能占到什么便宜，但面对一个6岁的孩子就可以毫无顾忌地直接欺负。刚入行不久的年轻业务员在那些老手客户面前，就像6岁的小孩一样，总会被买家没有顾忌地欺负。不论是在价格上、语言上、工作上还是在他们提出的不平等条件上，业务员总会被步步紧逼。

是业务员就要一味忍让、做错事就要打不还手骂不还口吗？绝对不是，这个时候你反而要强硬起来。前面我说过，日常生活中我们要善用"对不起"，会用"对不起"，但如果是在别人大发雷霆对你破口大骂的情况下，说"对不起"就不见得是好选择了。这个时候你的重点是要把场面控制住，把他阻止住，有些情况是容许你有些脾气甚至是发火的。

比如对方打电话到公司，不分青红皂白直接破口大骂，这时你就可以直接告诉他"我不想跟你说话"（I don't want talk to you.）。虽然你可能确实有错在先，但眼前首先是他的态度有问题。出现问题可以坐下来好好谈，破口大骂有什么用呢？这时，要想压下他的情绪，你就要先表现出你的气场。

一个朋友曾有脚踩两只船的经历。一次，他跟女朋友 A 在酒店约会时，被女朋友 B 发现，几个人在酒店当场就撕扯起来。B 的情绪非常激动，又想打人又想杀人，还扬言要跳楼，场面十分混乱。

面对这种情况，那个朋友的处理方式可以堪称"教科书"般的完美演绎了。虽然是他有错在先，但这种情况显然已经不是道歉能够解决的了，首先需要做的是控制住场面，让各方先冷静下来，道歉反而成了最不需要的东西。

当时 B 一看到两人在一起就开始不停地扬声恶骂，还问朋友信不信她现在就一头撞死。结果她真的一头撞在柜子上，血"刷"的一下就流了出来。而 A 也不甘示弱，一样地大声回骂。朋友一看，必须采取行动了，要马上将两人分开。于是他就跟 B 说："你先进去，我马上过来找你。"让 B 觉得他跟自己是站在一边的。但她一点也听不进去，还是继续骂。人在盛怒的状态下一定是听不进别人的好言好语的，不管自己是不是在流血，情绪已经完全失控。这时朋友意识到，他需要加重语气，需要发火把她震慑住，于是便严肃地大声吼了一句："你等等，先不要骂了！"接着又说，"我告诉你，你现在死不了的！可是你继续这样伤害自己或者再闹大点，到时候保安上来，警察也过来了，就会把我们都拉到警察局里做笔录，最少八个小时、十个小时你都出不去，最后还得叫你的家人过来把你带走。你想让他们知道吗？想要这种局面吗？"

吼完这段话 B 停住了，这时朋友看到发火起了效果，就开始转变策略。俗话说"打一个巴掌给个甜枣"，接下来他需要做的就是给她个台阶下，哄哄她。而暂时停口的 B 显然还是气不过，正打算掀起第二轮骂战，朋友开始发起温柔攻势，这时真诚的道歉也是必要的："对不起，真的抱歉，是我做错了，是我的一时糊涂让你们两个好女孩都受到了伤害。但是，这么大吵大闹不是解决的办法。咱们都冷静下来，你先把伤口处理一下，别感染了。等处理好伤口，咱们再坐下来好好谈谈，好吗？"

最后，在朋友的软硬兼施下，事情终于妥善地处理好了。虽然他心猿意马的做法实在恶劣，但他的处理方式非常值得我们业务员借鉴。

销售做得越久，你就会发现这种因为你的一点错误就没有底线地不停辱骂你的客户越多。不是所有人都会特别喜欢你、永远喜欢你的，所以你要学会保护自己，尤其是碰到这种情况，你要有气场压住他。

问题是肯定并且一定能解决的。但问题本身都是小事，重点不是在问题上，而是在感受上。你能将他的感受照顾好，问题也就迎刃而解了。先解决感受，再解决问题。

就像很多时候大家吵架，吵到最后已经不是在为问题本身吵了，而是咽不下那口气。所以，你压住他的同时还要哄他，给他一个台阶下，才能妥善地将问题解决。你不能真的发火,先要控制住自己,你要知道你只是需要发火,你要发火给对方听,他才能冷静下来听你说话。

发完火,哄一下。不行,就再发火,再哄一下。差不多就是这样的套路,加了盐咸了,我再加糖,还不行,就再加盐,差不多了,就搞定了。

我们国内的业务员一般都善于说理,但客户一骂,他们就懵了,完全没有气场压住他。你可以先道歉,"我会帮你解决问题,这个我错了,我道歉",但你一直忍让挨骂就太被动了,也解决不了任何问题,你要将主动权掌握在自己的手里。

真的有客户会不远万里拿着灯过来一直骂一直吵的,所以场面控制能力真的非常重要。这种能力还需要配合细致的计划、周到的准备,事情一发生你就能应对,很快控制局面。如果你控制不好,客户直接就把你骂哭了,那你等于完全被客户牵着鼻子走了。

一些客户就是这样,他也不是故意要占便宜,他就是觉得自己高高在上。为什么他会有这样的感觉呢?那全是你亲手造成的。

所以,业务员应该正确对待客户,不能让他觉得自己就是皇帝、就是上帝。让他知道你们双方不是施舍关系,而是合作关系,应该相互尊重,相互理解。

前面说过,我们中国人深深地被"顾客就是上帝论"所局限,认为买家说什么都应该满足,理所当然地要把他的地位抬得很高。但这句话其实就是说说而已,不是要你真的把他供奉起来。某些情况需要说服他的时候,你说两句这样的话会让他心里觉得很舒服,但如果真把他当上帝,你会免费送给他吗?不合理。你就与他正常沟通,专业地给他需要的信息,真诚地与他交往即可。莫名其妙地把他抬到那么高,他的气场本来没有那么强的,也都被你逼出来了。

明明初次见面跟他是平等的,你却莫名把他抬高了,尊重得过分了,把自己压下去了。这样做你把原本想拉近的关系，反而拉远了。你本来想把他变成一个合作的伙伴、一个朋友，结果把他变成皇帝了。这样，他对你的态度、以后要你做的事情就不一样了。"你帮我去买个衣服好不好？""你帮我去买烟好不好？"有时候这些事业务员可以配合，没问题，但就像男朋友指使女朋友，一会儿叫你帮他切个橙子，切完橙子再给他剥几个荔枝、龙眼，搞定了之后，又让你把他的衣服洗了，把地拖了，无止境地得寸进尺。这种人会要得越来越多，越问越多，要求也会越来越多，永远没办法绝对满足。

你正常一点不行吗？你就当他是一个普通人，或者你就把他看作一个中国人。他有名字你可以直接叫他的名字，你把他当作衣食父母可以，但是不要把他捧得那么高。

买家对你的态度差，这种情况我们看到过很多。合格的业务员是有能力让客户的态度变好的。但那些黑口黑脸、没用真心、没有技术、没有投入的人肯定做不到。

惊喜不是多此一举

惊喜的策划要花心思、有新意，同时，也不能太多太过度，不然会显得多此一举、本末倒置，甚至会起到反作用。

就像我之前讲的大多数女孩遇到的会耍浪漫、放气球的那个男生。要知道，放气球只是用来维系关系的手段，你不能天天放气球，不能不做饭、做家务。时机非常重要，只有在适当的时候做适当的事才能达到最好的效果。这一刻可以做的，不代表下一刻可以做，在客户需要时做一些很暖心的事情是非常有用的，而在不适当的时间做出来就显得乱七八糟，出现相反的效果。

不让对方感觉到刻意才最容易被接受，不要"吃力不讨好"。做得太多太夸张，对方不仅不需要，反而还要分出精力来应付你，久而久之他们是会烦的，会觉得你太过"油腻"。时机和尺度也是业务员完全能够把控的，假如冬天你到南方出差，屋子里没有暖气，每晚你都冻得瑟瑟发抖，这时酒店送一个暖炉到你的房间里，你就会觉得特别贴心；反之，如果是你冻得实在受不了去酒店前台要一个暖炉，就是服务不到位的典型。再比如，你在南方吃米粉，明明你已经按照自己的口味将汤倒进去了，但对方还以他的口味为依据，打着怎样更好吃的旗号为你继续加汤，你不喜欢又不好拂了对方的面子，这时对方的热心就是多余的。

我们都争取做到雪中送炭，不要做成多此一举、画蛇添足。有时候即使是一些讨好的小事情，也要让别人听起来合情合理。

就像男朋友想要讨女朋友开心，就刻意去很远的地方买来了她妈妈喜欢的东西，然后在女朋友下班后拿出来说："你妈妈那天不是说很喜欢这个吗，我今天偶然经过一个地方看见有卖的，就顺路买了回来。""偶然经过"把自己的刻意掩盖了，既能说明你时时刻刻都想着她的妈妈，也不显得自己带有明显的目的性。

反面例子是，另一个男朋友为了讨好女朋友，刻意买了一件很贵的衣服，但他没了解过女朋友的喜好，就一厢情愿地把自己认为好看的买回来了。等女朋友一下班回家，男朋友就跟献宝一样拿了出来，结果女朋友一看，既不是自己喜欢的风格，也不是自己喜欢的颜色，样子很土，季节也不对，甚至连号码都不对，一看价签，竟然要6800块钱！她一下就崩溃了，不仅不会感动，十有八九还会大骂你一顿。

同样一个讨好对方的举动，做得不对，效果就会差别很大。

有些工厂就很喜欢做一些多余的事，有时完全是好心，却构成了别人的麻烦。比如，很多买家都喜欢要求工厂多放一些零件和配件在货品里，以备不时之需。但工厂不能乱放，有些东西能不放就不放，不然就会引起用户混乱。比如，客户买了整整一套玻璃杯，工厂好心在里面多配了一个叉子，用户拿到产品打开包装盒后，看到那个叉子就会起疑，不知道是做什么的，心想，明明买的是一套杯子，为什么里面会多了一个叉子？

比如，灯具是需要安装的，有一款的配件是10件，有的工厂自以为是为用户考虑，就装了11件进去，以备不时之需。可用户收到后就会很犹豫，不知道怎么装是对的，不明白为什么会多了一件出来。这时，他可能就会想是你的灯有问题，所以才装不上去。

许多人做的那些多余事，出发点基本都是好的。看起来好像是多了一份关心，多了一份真心，但多出来的就是多出来的，就是多余的，是别人不需要的。所以，不要刻意地做对方不需要的事情。下雨时你帮他备个伞是贴心，没有下雨，你拿一把伞出来给他备着，就过于刻意了。

国际市场，听上去很美

其实，不论国内哪个行业，目前进入国际市场的企业95%都不能算是成功的，他们可能某些地方做得比较突出，某些方面比较优秀，但是系统、长远地看，基本都是一塌糊涂。

成功的标准是什么？对企业来讲，赚到了钱，跟顾客维持了长期合作的关系，可以把顾客顾虑的问题都顺利解决，满足这些要求，就可以当他是成功的。那要具备什么先决条件呢？毋庸置疑，产品质量、专业素质、服务品质等都能满足国际市场的要求，是成功的根本基础。

我们最近去过一家工厂，他们一直是做国内市场的，但看到近期外贸热、商机多，便想尝试着发展国外市场。他们很聪明，把产品的价格放得很低，低到我们直接被他的价格吸引过去，专程去他们的工厂谈合作。之前邮件、电话接触的时候我们反复强调过产品的要求，对方也一再保证没问题。可等我们实地考察时才发现，他们实际上什么都不懂。

之前确认过的验证、产品规格、细节等一概不对，根本是在不懂装懂，最后的合作只能不了了之。没错，他们在价格上确实占了很大的优势，有很大吸引力，但工厂上下一问三不知，产品不符合标准、达不到要求，完全没有专业性，怎么能让客户信任？按要求做价格又会上涨到跟其他专业做国外市场的工厂相差无几，客户又有什么理由选择你？

仅仅凭着一腔热血就要征战国际市场，其他的根本没有准备，结果可想而知。

所以，如果一个常年内销的工厂想尝试做外销，就先从业务员技能培训、熟悉自己的产品做起吧。而作为这些工厂的业务员，看到公司打算转外销，最先应该做的事就是学习，遇到不懂的问题就学着解决，必须掌握了专业知识才能更好地跟客户沟通。

我刚开始接触灯具行业时，虽然销售经验丰富，但对灯具一窍不通，完全是白纸一张。于是，我卖力学习灯的知识，现在我虽然做不到徒手组装一盏灯，但一般的专业问题完全没问题。

要让国外的客户明白你的产品最适合他们的需要，让他们对合作充满信心，除了出色的销售技巧，必须是专业的。也许你为人很真诚，销售技巧也没问题，我很喜欢跟你做朋友，经常坐在一起吃吃饭、每次回国给你带礼物等，都没有问题，可我们做不了生意。因为生意是要赚钱的，你连最基础的专业知识都没有，若跟你合作，生意的每一个细节、每一个环节都会让我提心吊胆，一点安全感也没有，怎么能合作？

因此，业务员的自信心来自专业素质，而不是与客户的关系。

是在我认识的业务员中，小A是看起来就让人感觉特别专业、特别令人放心的人。对一件事或一个问题，无论自己到底是不是真的在行，他都可以很自信地发表意见，跟他不熟的或者外行人很容易被他唬住。可一旦旁边有懂行的人，他就像一只纸老虎，立马就会被"戳破"。他具有让人信服的能力和优势，就更应该发展自己的长处，认真学习专业知识、丰富自己、提升自己。忽悠这一套对那些刚接触外贸、什么都不懂的买家来说可能有点用，一旦遇到真正懂行的人就完全行不通了，可能还会落下不懂装懂、欺骗顾客的臭名，业务员靠忽悠永远走不远。

总之，想尝试国际市场之前要先问问自己，"我准备好没有？"各种能力你都要具备，缺一不可。不是说你有一个看起来高端大气的工厂、有多年的从业经验、有大把的业务员就能头脑一热地冲进国际市场的洪流，所有的东西都要改变。

另外，做国内市场的很多人做了国外市场后，还放不下"老本行"，舍不得放弃国内市场，天真地想"两手抓"。但是，除了那些顶尖企业外，一般企业都很难同时兼顾两个市场，"两把抓"的结果可能是哪边也做不好。

国内市场和国外市场是两种不同的经营模式和管理模式，兼顾两边属于两面生意，管理人员也需要完全分开。两面生意就是听起来似乎在做一个生意，其实是做两个生意，接触的用户完全不同，参加的展会也完全不同，推广方式更是完全不同。除了产品好像一样，其他都截然不同，有太多的差别在里面。迄今为止，除了顶尖企业，我没见过平时只做国内市场的企业突然就能接到很大的国外订单。说实话，除非分开管理，或者做足了准备后，把重点转移到国外市场，才会有希望。不然，做惯了国内市场的企业，我并不觉得继续开拓国外市场是一个好的选择。

我以前做按摩椅时有几家合作工厂，基本都有2000名以上的员工，都算是大企业了，真的已经有人力、有财力、有能力组建不同的部门和团队、开发不同的市场。管理方面，他们的国内市场和国外市场各自为战，人员是分开的，经营也是两套方法，虽然顶着同一个名字，但实质就是两家不同的公司，各自在做自己的产品。

另外，国外市场也要细分，看你平时是做北美洲的偏多、做中东的偏多，还是做欧洲的偏多，不同的区域要有不同的策略，同一个策略很难兼顾全世界。某一个地区、某一个国家你能做得很好，那就可以说是非常成功了。

四海之内皆兄弟

为了帮助业务员能与各国客户更顺利地合作，我介绍一下多年来与我合作过的各国客户的行事风格。但是，我不能给他们分别下一个定义，说他们都是怎样的人，那样太绝对，这是我讨厌的事情，正如我讨厌许多外国人对中国的标签化印象一样。其实，人与人之间的差别很大，即使是同一个家庭长大的兄弟姐妹，也各有自己的特点，更不用说一个国家了。我只能谈谈跟他们接触、交流、合作过程中的一些感受，给业务员做参考。

首先就从我最熟悉的北美洲说起。

加拿大人一般比较容易相处。因为这个国家本来就是多民族并存共生，文化多元，所以包容度比较高。业务员与他们做生意，平等交流比较容易。他们不会觉得自己最厉害，只会觉得自己最舒服；不会觉得自己最有钱，因为在他们的概念里，钱不占什么位置。加拿大人做决定都比较迟缓，相比欧美人需要更长的时间。因为地广人稀，做生意困难，赚钱不容易，所以，他们对待100块钱好像500块钱一样，非常小心谨慎。

美国的买家一般会觉得自己非常厉害，特别是美国当地人，会觉得自己是全世界最厉害、最有钱的人，做事习惯比较、非常程式化。跟他们合作不用顾虑相处之道，因为他们一般会把生意的合作当成单纯的交易。美国大公司的买手都是有决定权的，只要你的产品符合他们的要求，他们会较快地决定下单。值得注意的是，美国对规格的要求特别严格。

欧洲的国家很多，我合作过的没有几个，所以不能武断地说所有欧洲人都是什么样子。但总体印象里，跟我做生意的欧洲买家在款式上要求都比较高，接受新鲜事物也比较快，走在时尚的前沿，追求新的款式、新的概念、新的科技；即使在我们看来很多功能目前都用不上，他们也会普遍重视。与美国和加拿大的买家相比，他们更重视外表造型，而美国和加拿大的买家则更偏重实用性。

接下来是亚洲各国的买家。

土耳其、巴基斯坦、印度等国的买家比较相似，他们最在意的是价格。虽然他们嘴上也会说质量很重要，但价格在交易谈判中起到的作用最重要。另外，他们喜欢附加的利益，喜欢砍价。跟他们交流，不用太多套路，可以直接一些：你要最便宜的是吗？我们有，但是质量上可能会出现一些问题，如果你觉得没关系，就这样定下来……你不需要谈别的，直接给他最便宜的价格最有效。

日本买家多是典型的完美主义者，万事都追求完美，一点细节上的瑕疵都不能接受。他们不追求价格便宜，有时甚至会要求提升价格以达到最完美的质量。对于日本客户，你不要试图用技巧去说服他，这样反而会失去生意。只要你们的公司、你们的工厂竭尽全力把产品的质量做到最好，就能够拿到他们的订单。

菲律宾、越南等国的客户喜欢那些看上去很新奇、颜色很多的款式，眼光、审美比较相似。他们比较看重价格，会砍价，非常有契约精神，说过的、答应过的事基本都会兑现。总的来说，跟他们合作都是不错的，可以信赖。

俄罗斯属于欧洲，人口多、市场大，客户的风格和欧洲核心国家又有些不同，有其独特的地方。他们通常嗓门比较大，要求价格便宜，对款式也没有太多的要求，做事情比较实在。

同样人多、市场大的国家还有巴西，虽然位于南美洲，却有点北美洲的味道，他们的客户对品质有要求，喜欢新款但有别于欧洲买家的标准,是建立在实用基础上的。

其实,万事无绝对,每个国家的买家都有好与不好。即使是同一个国家的买家,行事风格也各有短长。所以,自己做好准备功夫,扎扎实实,针对不同的买家给予不同的应对,才是无往而不胜的万全之策。

握手十禁忌[①]

1. 忌先后错序

社交场合,一般由"尊者"决定是否握手。谁是"尊者"呢?正确的顺序为:女士、长辈、已婚者及位高者;相应的,男士、晚辈、未婚者和位低者就不可"先出手"。切记"该出手时才出手"!如要与多人握手,也应讲究"先来后到",即先同性后异性,先长辈后晚辈,先已婚后未婚,先位高后位低。

2. 忌心不在焉

与任何人握手,都要在握手时示好并看着对方眼睛,这不但表示以礼相待,也是自己充满自信的表现。单手与人相握时,另一只手不可插在衣服或裤子的口袋里,应贴着大腿外侧自然下垂。

3. 忌不摘手套

女士允许在社交场合戴着手套与人握手,但也视具体场合、身份而定。如果你只是职场菜鸟一枚,又正好与位高权重或德高望重者握手,最好摘下手套显得更为谦逊得体。

手心有汗或手掌冰凉也是不太礼貌的表现,有汗时可趁人不注意悄

[①] http://www.docin.com/p-2017339099.html

悄擦掉。有的女孩常年手冰凉，与人握手时，两种解决办法：第一，不要握得那么"实在"，在与对方手掌接触的时候稍微保持一点空隙；第二，开门见山，给对方道歉："你好，李总，真对不起，我手有一点凉。"第二种方式好处还在于，若双方不熟，可借这个话题破冰；如双方都是女性，就能顺便寒暄一下养生之道。本来是缺点，转变成促进双方交流的契机，便是好事一桩。

4. 忌掌心下压

握手时掌心下压会给对方造成居高临下甚至藐视之意。想要表达对他人的尊重，握手时应掌心略微向上则为谦恭之意。

5. 忌用力不当

握手时用力过猛则显得粗鲁无礼；过轻又难免有敷衍了事之嫌。对于"2公斤"力度的拿捏，可在日常生活中多加练习。

6. 忌点头哈腰

适当的点头与身体前倾是正确的，但"过犹不及"；若在握手过程中不断地点头哈腰，这样的场景是不是只能让你想起抗战电影中"汉奸"的形象呢？

7. 忌时间不当

握手3秒为宜。与人握手时，尤其是异性，若时间过长会给对方一种错觉——你对她别有用心。就算你真是"别有用心"，也最好别采取这种方式，这会让对方觉得你没有素养；若是你只是礼节性地和异形握手，那就更要掌握好时间。

8. 忌滥用双手握手

双手握手一般只有几种情况：一是面对长辈、上司或贵宾，双手握手表示谦恭备至；二是久未见面的故友或至交，双手相握则表达一种深厚的情感。除此以外，一般单手握手就可表达问候之意。

9. 忌左手握手

不管是不是"左撇子"，都不能左手握手。尤其是穆斯林和印度人，他们的左手仅用于去洗手间或为自己洗浴，只有右手才能担负起高贵的使命。因此在与他们握手时，用左手或双手都是不行！

10. 忌交叉握手

商务场合，通常会与很多人握手，可按照前面提到的礼仪顺序握手，或因地制宜由近及远地依次握手。但切忌交叉握手，不管是自己双手握住不同的人，还是直接跨过/正在握手的两人中间去握住另外一个人的手，都是不行的。这样很容易构成西方人忌讳的"十字架"情况，很不吉利。当然，有一种情况例外——剪彩。剪彩时，一般时间、场地有限，所以当剪彩嘉宾站成横排时，允许交叉握手。

图书在版编目（CIP）数据

销售无间道/ 张子淳著. －－北京：华夏出版社，2018.9
　ISBN 978－7－5080－9560－8

Ⅰ．①销…　Ⅱ．①张…　Ⅲ．①销售－方法　Ⅳ．①F713.3

中国版本图书馆CIP数据核字（2018）第190242号

销售无间道

著　　者	张子淳（Andy Chang）
责任编辑	贾洪宝
采访编辑	尹　航
封面设计	殷丽云
出版发行	华夏出版社
经　　销	新华书店
印　　装	三河市少明印务有限公司
版　　次	2018年9月北京第1版　2018年11月北京第1次印刷
开　　本	720×1030　1/16开本
印　　张	12.75
字　　数	200千字
定　　价	39.00元

华夏出版社　社址：北京市东直门外香河园北里4号　邮编：100028
　　　　　　　网址：www.hxph.com.cn　电话：010－64663331（转）
　　　　　　　投稿合作：010－64672903；hxkwyd@aliyun.com

若发现本版图书有印装质量问题，请与我社营销中心联系调换。